KB077024

책 앞에서
머뭇거리는 당신에게

김은섭 지음

책 앞에서 머뭇거리는 당신에게

| 후천적 활자 중독에 빠지는 3가지 방법 |

지식공간

프롤로그

두 번 다시 책 앞에서 머뭇거리지 않기 위하여

당신의 머뭇거리는 마음을 잘 압니다.

저 역시 책을 읽으려고 마음먹은 그 순간, 무엇부터 읽어야 할지 몰라 당황했던 경험이 있습니다.

저는 좋은 책이나 추천도서, 고전을 읽어야 한다고 생각했었습니다. 남이 읽는 것은 나도 읽어야 한다고 생각했었습니다. 책은 모름지기 어려운 맛도 있어야 하고, 읽고 나서 남는 것도 있어야 한다고 생각했었습니다. 그런 게 아니면 책이 아니라고 생각했습니다.

하지만 독서 습관이 잡히지 않은 사람에게는 매우 위험한 생각임을 저는 몰랐습니다. 책과 친해지기도 전에 책으로부터 멀어질 수 있음을 저는 몰랐습니다.

다행히 저는 21살의 늦은 나이에 독서 스승을 만나면서 독서의 제1 원칙을 배웠습니다.

"독서는 공부가 아니라 즐거움이다! 즐겁지 않은 책은 버려라!"

아무리 좋은 책이더라도 내가 즐겁지 않으면 끝까지 읽을 수 없습니다. 아무리 마음을 독하게 먹더라도 즐겁지 않은 일은 평생하기 힘듭니다. 그런데 우리는 독서를, 계획을 세우고 의지를 다져서 도전하는 일로 생각합니다. 즐거워야 할 독서가 의무가 되고 목표가 되다 보니 지속하기 힘듭니다.

저는 생각을 고쳐먹고 즐거움에 바탕을 둔 독서를 시작했습니다. 목적의식도 없이, 계획도 없이 무작정 재미있는 책을 읽기 시작했습니다. 처음에는 몇몇 소설에서만 재미를 느꼈지만 갈수록 재미를 느끼는 방식이 다양해지고 더불어 읽는 책의 종류도 넓어지고 난이도 높은 책도 쉽게 읽고 있는 제 자신을 발견했습니다. 독서는 단순히 넓은 세계가 아니라 '즐거움이 넘치는' 더 넓은 세계를 제게 보여주었습니다.

그렇게 시작한 독서가 벌써 20년째입니다. 책과 친하지도 않았던 사람이 지금도 매달 20권씩 읽으며 독서 생활을 즐기고 있으니 분명 제가 했던 독서 방법이 엉터리는 아니었던 모양입니다. 아니, 즐거움에 바탕을 둔 독서법은 제 인생을 두고 말씀 드리자면 독서 습관을 들이는 데 매우 효과적인 방법이 아닐까 생각합니다.

그 방법들, 그러니까 선천적으로 책과 거리가 멀었던 제가 뒤늦은 나이에 책과 친해질 수 있었던 방법을 이제 여러분에게 소개합니다. 제 경험과 또한 많은 독서가들의 얘기가 옳다면 이 방법이 여러분을 활자 중독자로 만들어 주리라고 생각합니다.

한마디 덧붙입니다. 스티븐 킹은 자신의 창작론이 담긴 『유혹하는 글쓰기』의 머리말에서 "글쓰기는 인간의 일이고 편집은 신의 일이다."라고 썼습니다. 이번 책 작업을 하면서 백 번 천 번, 그의 말에 공감합니다. 권병두 편집장과의 긴 여정이 없었더라면 이 책은 탄생하지 못했을 것입니다.

끝으로 내 인생의 마지막 증인이 되어줄 아내, 은정에게 고마움과 사랑을 전합니다.

2012년 7월

김은섭

: Contents :

후천적 활자 중독에 빠지는 **첫째 방법**

재밌지도 않은 책을 억지로 붙들고 있지 마라

후천적 활자 중독에 빠지는 **둘째 방법**

머리라는 항아리에 독서라는 물을 부어라, 흘러넘칠 때까지!

후천적 활자 중독에 빠지는 **셋째 방법**

리뷰를 쓰면 책은 당신의 것이 된다

선천적으로 책과 안 친한 사람은 없다.
다만 아직 궁합이 맞는 책을 만나지 못했을 뿐이다.
궁합에 맞는 책으로 시작하자.
당신에게 즐거움을 선사할 것이다.

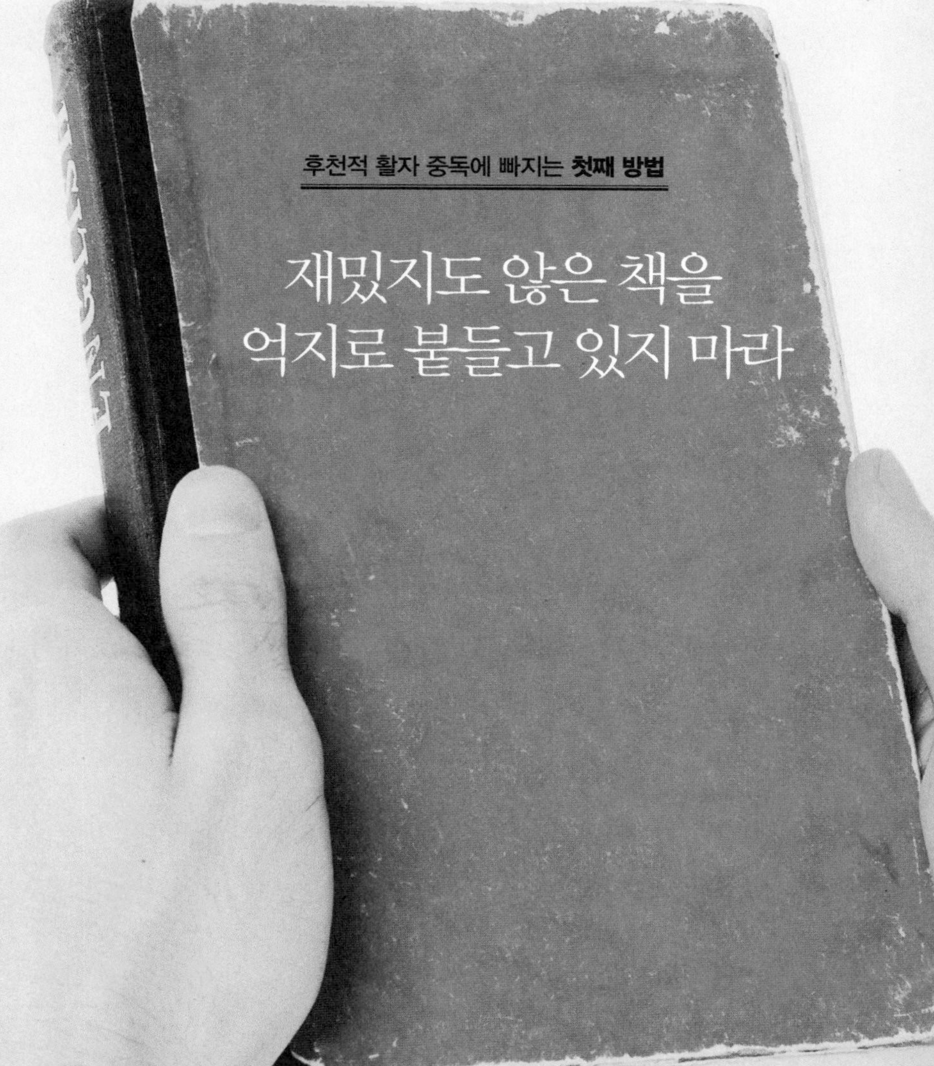

후천적 활자 중독에 빠지는 **첫째 방법**

재밌지도 않은 책을 억지로 붙들고 있지 마라

1

나는 책과 친했던 사람이 아니다

내가 책을 처음 구입한 건 초등학교 4학년 때였다. 하굣길 교문 앞 길가에 트럭을 세워놓고 아저씨 몇 명이, 줄을 선 수십 명의 아이들에게 주소와 연락처를 받고 철제 마징가 제트 프라모델을 나눠주고 있었다. 당시 철제 마징가 제트는 부잣집 애들만 갖고 노는 고가의 장난감이었다. 기회를 놓칠 수 없었다.

마징가 제트를 두 손 높이 들고 온 동네를 뛰어다니던 그 날의 기억이 아직도 생생하다. 하지만 집이 가까울수록 뭔가 찜찜했다. 왠지 모르지만 이 장난감을 엄마에게 보여주면 안 될 것 같았다. 마징가 제트를 책가방 깊숙한 곳에 꼭꼭 숨긴 채 다락방으로 올라가 구석진 상자에 넣어두고 틈틈이 가지고 놀았다. 그렇게 며칠 행복한 시간을 보냈다.

사나흘 지났을까? 학교를 마치고 집으로 돌아왔을 때 나를 기다린 것은 내 방에 산더미처럼 쌓인 세 상자의 책과 아버지의 회초리 찜질이었다. 마징가 제트를 받는 조건으로 아저씨들에게 적어주었던 것은 다름 아닌 도서 할부 계약서였다. 본의 아니게 소년소녀문학전집과 명작동화, 그리고 위인들의 전기 각 20권씩 도합 60권의 책을 샀다. 그 후 1년 동안 책 할부금 4,000원을 내는 매달 25일이 되면 회초리를 든 엄마 앞에서 한 달 동안 읽은 책을 검사받아야 했다.

혼자서는 잘 하다가도 누가 시키면 안 하는 성격 탓에 '억지 독서'가 즐거웠을 리 없다. 책 한 권 제대로 읽지 않는다며 엄마에게 꽤 많이 맞았던 기억이 난다. 엄마는 할부가 끝나는 1년 안에 60권을 모조리 읽어야 한다고 으름장을 놨지만 나는 '저 많은 것을 읽느니 차라리 몸으로 때우는 게 낫겠다' 싶었다. 그런 심보였으니 몇 권이나 제대로 읽었겠는가.

그때 읽은 몇 안 되는 글 가운데 지금까지 기억에 남는 게 있으니 바로 에드거 앨런 포의 단편소설 「검은 고양이」였다. 나는 그 소설을 읽기 전까지는 그림도 없는 책이 '전설의 고향'보다 무서우리라고는 상상도 못했다. 주검이 된 검은 고양이가 콘크리트 벽 속에서 울고 있던 마지막 장면에서는 얼마나 가슴이 철렁했는지 엄마 다리를 끌어안고 엉엉 울음을 터트렸다. 소설 속 고양이가 TV 화면보다 더더욱 생생하게 눈앞에 나타날 줄은 꿈에도 몰랐다. '글 속에는 그림도 있고 영화도 있다.' 이것이 독서에 대한 나의 첫 느낌이었다.

1년 만에 책이 손에 달라붙다

하지만 그 후로도 오랫동안 나는 독서와 거리가 먼 사람이었다. 아버지는 책보다는 술과 친한 분이셨고, 명문 여고를 졸업한 엄마는 책은 좋아했지만 장사와 집안 살림을 도맡느라 책 읽을 시간이 없었다. 그런 이유로, 아무도 내게 책을 읽으라고 권하는 사람은 없었다.

어려운 가족사도 한몫했다. 부모님은 종로구 와룡동 한복판에서 결혼식 피로연을 전문으로 하는 커다란 한식집을 했었는데,

80년대 정부가 허례허식을 없앤다고 관혼상제 간소화 조치를 단행하는 바람에 쫄딱 망하고 말았다. 빈털터리가 된 부모님은 나와 두 동생을 데리고 강원도 태백으로 내려와 포장마차를 시작했다. 부모님은 포장마차를 꾸리느라 집을 돌볼 여유가 없었고, 나보다 10살 이상 어린 두 동생은 내 차지가 되었다. 동생들을 맡길 곳이 마땅치 않았던 까닭에 나는 2년간 학교를 다니지 못했다.

나이 열여섯에 중학교를 새로 들어가 졸지에 만학도가 된 나는 중고등학교를 마치는 6년 동안 죽어라고 학업에 열중했다. 고3 때는 이미 21살이었다. 대학은 어떻게든 한 번에 붙고 싶었다. 떨어지면 바로 입대영장이 나오기 때문이었다. 그런 내게 '독서'는 사치이자 시간낭비, 혹은 관심 밖이었다. 어쨌든 재수하면 안 된다는 생각 때문인지 비록 꼴찌였지만 한 번에 대학에 들어갔다.

신입생이 되고 한 달 정도 지나자 갑자기 책이 읽고 싶어졌다. 당시 대학생들은 소위 '학습'이라고 해서 선배들이 추천하는 사회과학서를 읽으며 토론하는 문화가 형성되어 있었는데 그들이 무엇을 공부하는 줄도 모르면서 그 모습이 부러웠던 것 같다. 아니, 그 무리에 끼어들어 '나도 대학생입네.' 하고 으스대고 싶었던 것 같다.

막상 책을 읽자니 무슨 책을 어떻게 읽어야 할지 난감했다. 책

꽤나 읽는다는 2학년 선배에게 '어떤 책을 읽으면 좋을까요?' 물었더니 자신의 사물함으로 가서 책 한 보따리를 안겨주었다. 한 시간에 채 한 장을 넘길까 말까 한 어려운 책들, 마치 나더러 '넌 아예 책 읽지 말아라.' 하고 속삭이듯이 나를 좌절시키는 책들이었다. 근 한 달여를 고민한 끝에 전공기초 과목으로 대학국어를 강의하던 교수님을 찾아가 고민을 털어놨다. 교수님은 구구절절한 내 하소연에 연신 고개를 끄덕이시더니 마치 무릎팍 도사의 강호동처럼 단 한 문장으로 해결책을 제시해주셨다.

"자네는 이제부터 1년 동안 책으로 공부하지 말고 놀도록 하게!"

잉? 책을 보겠다는 제자에게 공부하지 말고 놀라니, 이 무슨 말씀이신가? 눈을 동그랗게 뜨고 있는 나를 보시더니 교수님이 그럴 줄 알았다는 표정으로 말을 이었다.

"젊은 날, 하와이의 고급 리조트에서 일주일간 머물 기회가 있었다네. 하와이가 어떤 곳인가. 세계적인 휴양지가 아닌가. 세계 각국의 사람들이 놀러오는 곳이지. 그런데 그들을 관찰하다 보니까 한 가지 놀라운 공통점을 발견했다네. 뭐 같은가?"

"글쎄요, 모르겠습니다."

"바로 책이었다네. 바쁜 일상을 잠시 떠나 고단한 몸과 마음을 쉬려고 경치 좋고 풍광 좋은 하와이 리조트까지 와서 하는 일이 서늘한 그늘을 찾아 가장 편안한 자세로 책을 읽는 것이었단 말이네."

당시 교수님은 또 언제 올지 모르는 하와이인지라 밤잠조차 줄여가며 하루 종일 이리 뛰고 저리 뛰며 사진을 찍고 있었다고 한다. 그런데 어느 순간 시간에 쫓기며 정신없이 다니는 사람은 리조트 안에 자기밖에 없다는 사실을 알아차렸다. 가만히 둘러보니 많은 이들이 책을 쌓아놓고 읽고 있었다. 휴양지와 책은 어울릴 만한 조합이 아니라고 여기던 교수님이었으니 문화적 충격이 엄

청날 수밖에. 교수님은 그날의 경험을 통해 책에 대한 생각을 완전히 바꾸게 되었다고 말씀하셨다.

"그들은 과연 공부하기 위해 책을 읽었을까? 아니야, 아니야. 그들에게는 독서가 세상 그 무엇보다 즐거운 일이었단 말일세. 그런 게 바로 독서라고."

교수님은 연구실 서재 앞으로 나를 이끌고 가시더니 책장 한 귀퉁이를 가리키며 '여기 있는 소설을 빌려줄 테니 1년 동안 모두 읽어보라'며 내게 권해주셨다.

책장에는 김용의 『사조영웅전』(이하 김영사), 『신조협려』, 『의천도룡기』 등 사조삼부곡을 비롯해 『게임의 여왕』(문학수첩), 『천사의 분노』(문학수첩), 『악마의 유혹』(세시) 등 지금의 '미드'격인 미국 미니시리즈의 원작 소설가 시드니 셀던의 밀리언셀러 소설들, 그리고 박경리의 『토지』(나남), 조정래의 『태백산맥』(해냄), 김홍신의 『인간시장』(행림출판)까지 한때를 풍미했던, 아니 지금까지 널리 읽히는 소설들이 가득했다.

그 후 나는 소설책을 들고 창동역에서 건대입구까지 집과 학교를 오가는 지하철의 두 시간 동안 책을 읽었다.

처음에는 책이 읽히지 않았다. 우선 책을 읽고 있는 내가 낯설고 창피했다. 다른 사람들이 나를 지켜보는 것 같아 부담스러워

책을 일부러 덮은 적도 있었다. 무엇보다 책 읽기가 힘들었던 것은 책 속에 등장하는 주인공의 이름을 기억하기가 힘들었다는 사실이다. 심지어 어제 읽은 내용도 가물가물해서 수시로 책장을 거꾸로 넘겼다.

한 달 정도 지나 다시 교수님을 면담하는 자리에서 책 읽는 어려움을 토로했다. 교수님께서 이렇게 말씀하셨다.

"독서의 첫 장애물을 만났구먼. 남 앞에서 책 읽는 게 어색하다…… 아마도 자네가 독서와 담 쌓고 지내던 시절, 책 읽는 사람들을 유심히 지켜본 경험이 있기 때문은 아닐까. 모르긴 몰라도 자네는 책을 꽤 읽고 싶었던 모양이야. 그들이 책 읽는 모습을 보면서 은근히 그들을 동경해 왔던 것 같아. 하지만 오늘 저녁이라도 집에 가는 길에 책을 읽다가 고개를 들어 주위를 살펴보게. 자네를 보고 있는 사람은 아마 거의 없을 거야. 혹 누군가 자네를 보고 있다면 필경 그 역시 자네처럼 '책을 읽고 싶은 사람'이겠지.

그리고 어제 읽은 책 내용이 기억나지 않는다고 해서 되돌아가 읽지는 말게. 읽던 곳에서 앞으로 나아가다 보면 자연스럽게 생각날 걸세. 혹 기억나지 않는다고 해도 계속 읽어야 하네. 처음 몇 권은 '내가 과연 책을 읽기는 한 건가?' 하고 느껴질 만큼 읽은 책을 기억 못할 수도 있어. 하지만 권수가 한 권 두 권 쌓이면 서서히 나아질 거야. 날 믿고 포기하지 말게. 독서는 전진만 있을 뿐 후퇴는 없다, 그렇게 생각하고 꾸준히 읽어야 하네."

학교와 집을 오가며 소설책을 읽은 지 두 달 정도 흘렀을 무렵, 교수님의 말씀대로 책이 제대로 읽힌다는 기분이 들었다. 소설의 흐름을 따라갈 수 있게 되자 책 읽기에 재미가 붙기 시작했고, 점점 책 속으로 빠져들었다. 자연히 남들의 시선도 신경 쓰지 않게 되었다.

그해 가을 학기가 끝날 무렵, 교수님은 나를 불러 내가 이미 독서를 즐기고 있다며 하산을 명하셨다. 나는 고개를 저었다.

"아닌데요, 전 그저 교수님 책장에 있는 소설만 죽어라 읽은 것밖에 없습니다. 교수님은 뭐 하나 제게 가르쳐 주신 것이 없잖아요?"

교수님은 내 물음에는 대답 없이 내 가방을 열어보라고 하셨다. 가방을 열자 강의노트와 읽으려고 빌려놓은 소설책이 두 권 들어 있었다.

"그거 봐, 이젠 하산할 때가 되었지. 자네 언제부턴가 가방에 두 권씩 넣어 가지고 다니더군. 한 권을 다 읽고 더 읽을 것이 없을 때를 대비해 여분으로 챙겨놓은 것 맞지? 바로 그거야. 이미 자네 손에는 책이 '붙었다'네. 책이 손에 붙었다는 건 독서습관이 들었다는 거야. 그런데 내가 뭘 더 가르치겠나? 하산해!"

아닌 게 아니라 정말 그랬다. 두 학기 동안 내가 읽은 소설은 100권을 훌쩍 넘었다. 일일이 제목을 떠올리기 어려울 만큼 내게는 참으로 많은 책이었다. 당연히 주인공 이름도, 소설 줄거리도 헷갈렸다. 모든 것이 뒤죽박죽 엉켜 있었고, 뭘 읽었는지 떠오르지 않는 것도 많았다. 하지만 단 하나, '틈만 나면 책을 읽고 싶다'는 욕구는 어느덧 내 안에 자리를 잡고 있었다.

그렇다. 교수님은 1년 동안 재미있는 소설을 마음껏 읽게 함으로써 내게 독서습관을 길러주셨다. 그리고 무엇보다 '독서는 즐거운 일'이라는 사실을 체득하게 해주셨다.

나중에 안 일이지만 일본에서 펼쳐졌던 '아침 독서 운동'도 독서습관을 갖게 하는 것이 목적이었다. 당시 일본에서는 전국 초등학생을 대상으로 아침에 10분 내지 20분 동안 책을 읽게 했는데 다른 조건은 없었다. 정해진 독서 목록도 없었고, 감상문을 요구하지도 않았다. 본인이 읽고 싶은 책이라면 무엇이든 좋았다. 다만 10~20분간 무조건 읽어야 한다는 단 한 가지의 조건만 빼고는 모든 것을 자율에 맡긴 셈인데 그 덕분에 '풀뿌리 독서 운동'으로의 역할은 충분했다고 평가받고 있다. 독서의 시작은 습관을 만드는 것이다. 습관이란 시계태엽과 같아서 한 번 감아 두면 평생을 움직이는 동력이 된다.

나는 교수님의 크나큰 가르침을 깨닫고 고개 숙여 인사를 올렸다. 그런 내게 교수님은 이렇게 말씀하셨다.

“자네는 이제야 독서의 첫걸음을 내디뎠다네. 읽는다는 게 이렇게 즐겁다는 것을 자네는 일생을 통해서 처음 깨달은 거지. 하지만 내가 장담하건데 독서의 즐거움은 이게 전부가 아니라네. 지금까지는 소설을 읽으면서 읽는 즐거움을 누렸지만 앞으로는 자네가 관심을 두는 모든 분야에 대해 더 잘 이해하고 싶어서 책을 펴게 될 걸세. 사람들은 이를 두고 ‘지평을 넓힌다’고 하지. 읽는 즐거움과는 또 다른 즐거움이지. 이제부터는 넓게, 그리고 깊이 있게 읽도록 하게. 그동안 수고 많았네.”

3

좋은 책이 아닌 당신이 즐거운 책으로 시작하라

추사 김정희 선생이 쓴 현판 중에 '일독 이호색 삼음주(一讀 二好色 三飮酒)'라는 말이 있다. 그 뜻을 풀어보면 '세상 사는 맛의 첫째는 책 읽는 맛이고, 둘째는 여인과 즐기는 맛이고, 셋째는 술 마시는 즐거움이다.' 정도 될 것이다. 호색과 음주도 좋지만 책 읽는 맛을 따를 수 없다 하니 김정희 선생에게 단연 독서는 최고의 기쁨이었다.

그렇다. 독서가 주는 최고의 미덕은 바로 즐거움이다.

나는 1년 동안 집과 학교를 오가는 지하철에서 소설을 읽으면서 '읽는 즐거움'을 알았다. 누가 그랬던가, 에든버러에서 런던까지 가는 가장 빠른 방법은 사랑하는 연인과 함께 가는 것이라고. 소설을 읽으면서 다니는 등하굣길은 10분처럼 짧게 느껴졌고, 지하철에서 책을 읽는 그 순간이 너무 좋아서 술자리를 피한 적도 수차례 있었다. 소설이 한창 재미있을 때는 공강 시간 1~2시간의 짬이 너무 기다려졌다. 할리우드 영화의 어느 주인공처럼 맨발로 교내 벤치나 나무 그늘에 앉아 '그래, 다음은 어떻게 될까?' 하면서 책장을 펼쳐들고는 했다. 그렇게 조금씩 책 없이는 못 사는 내가 되어갔다.

내가 이 책을 쓴 가장 큰 이유는 독자들도 '읽는 즐거움'을 느꼈으면 해서였다. 대학이나 기업에서 특강을 할 때마다 가장 많이 듣는 질문 중 하나는 "모처럼 책을 읽으려는데 무엇부터 읽어야 할까요?"이다. 그럴 때마다 나는 "당신이 가장 재미를 느낄 만한 책을 읽으세요."라고 답한다. 그러면 사람들은 의아해하며 "스테디셀러나 고전을 읽어야 하지 않나요?" 하고 되묻는다. 물론 그런 훌륭한 책을 읽을 수 있다면 좋다. 하지만 나는 독서를 다시 시작하는 사람들이 '독서의 이로움'보다 '독서의 즐거움'을 먼저 알았으면 좋겠다. 그래서 내가 그랬던 것처럼 책이 손에 붙었으면 좋겠다.

지금껏 당신은 신문과 잡지 등에서 오피니언리더나 저자, 교수들로부터 '즐거운 책'이 아닌 '좋은 책'을 추천받았다. 하지만 '좋은 책'은 아쉽게도 대부분 즐겁지 않다. 그래서 채 1시간도 읽지 못하고 책을 덮어버리고 만다.

서점에서 책을 고를 때도 마찬가지이다. 큰 맘 먹고 책을 한 권 고른 것이 대부분 '베스트셀러 코너' 혹은 '스테디셀러 코너'에 있는 책들이다. 이른바 검증된 책을 골라야 실수가 없을 것 같고, '베스트셀러'라면 많은 사람들이 읽는다는 말이기도 하니 시대에 뒤처지지 않는다는 생각 때문일 것이다. 하지만 문제는 이렇게 고른 책이 정작 당신이 '읽고 싶은 책'이 아니라는 사실이다.

나는 독서가 즐거우려면 우선 책이 재미있어야 한다고 생각한다. 그러려면 읽는 맛이 좋은 책, 취향에 맞는 책, 눈높이에 맞는 책, 그리고 자신이 최근 관심을 두고 있는 분야의 책이어야 한다. 다시 한 번 강조하지만 내가 소설을 1년 동안 읽어 책이 손에 붙었듯이, 여러분 역시 책을 즐겨 읽을 수 있다면, 그래서 독서가 즐거울 수 있다면 그 무엇이든 읽자! 소설도 좋고, 잡지도 좋다. 만화라도 상관없다.

"Most management books provides 'answers'. Great fiction

raises 'great questions'. That's why I read Fiction for instruction. (대부분의 경영학 서적들은 답을 제시한다. 반면에 대부분의 소설들은 '위대한 질문'을 던져준다. 그것이 내가 가르침을 얻기 위해 소설을 즐겨 읽는 이유이다.)"

세계적인 경영구루인 톰 피터스가 『미래를 경영하라』(21세기북스)에서 한 말이다. 그는 "책을 읽으려면 소설을 많이 읽고, 기업 관련 책은 가능하면 적게 읽으라. 세상의 모든 관계들은 진실로 소설 속에 있다."고 말했다. 소설광(狂)이 아니고서는 할 수 없는 말. 톰 피터스는 필경 소설을 즐겨 읽는 사람이다. 그렇다면 그가 소설을 읽을 때 '이 이야기를 통해 세상을 뒤흔들 인사이트(insight)를 찾아야지' 하며 읽을까? 결코 그렇지 않다. 그에게도 즐거움이 먼저였을 것이다. 가르침이나 영감은 그 다음이다.

대부분의 다독가들은 소설로 책 읽기를 시작했다. 일본에서 '지(知)의 거장'으로 알려진 다치바나 다카시는 직장에 들어가기 전까지 줄곧 소설만 읽었고, 안철수 교수는 어린 시절 삼중당 문고 400권을 모두 읽었다고 한다. 대한민국 CEO 중 열의 아홉은 시오노 나나미의 『로마인 이야기』(한길사)를 읽었고, 최인호의 『상도』(여백미디어)와 『해신』(열림원)을 읽었다. 『삼국지』나 『대망』(동서문화사)도 필독서처럼 직원들에게 추천한다.

훌륭한 소설은 경영서를 능가한다. 일본의 다독가 센다 타쿠야는 "훌륭한 소설은 인물, 서사, 갈등이나 협력관계를 통해 우리가 살아가는 현실사회를 아주 실감나게 그려내며, 그러기에 그 어떤 표현법보다 더욱 훌륭하게 현상을 꿰뚫는다."고 말했다. 깊은 밤을 하얗게 지새우며 한 문장씩 이어 쓴 소설가의 문장에 취하다 보면 그 속에서 문득 내가 품고 있던 고민에 대한 촌철살인의 해답을 얻기도 하고, 소설의 등장인물에서 내 모습을 발견하기도 한다. 수많은 경영자들이 위대한 소설들을 즐겨 읽고 추천하는 이유가 여기에 있다.

조앤 K. 롤링의 『해리 포터』(문학수첩) 시리즈나 J. R. R. 톨킨의 『반지의 제왕』(씨앗을뿌리는사람) 같은 판타지 소설은 어린이뿐 아니라 어른들도 사랑한 시쳇말로 '완전 소중한 소설'이다. 무협지를 평가 절하하는 사람들도 꽤 있다. 하지만 『사조영웅전』, 『의천도룡기』, 『신조협려』, 『천룡팔부』(중원문화), 『녹정기』(중원문화) 등 김용의 소설을 읽어보지 않고는 함부로 말해서는 곤란하다. 중국의 독자들은 다음 세기에 김용의 소설들이 『삼국지』와 『초한지』에 버금가는 고전이 될 것이라고 입을 모은다. 즐거운 독서를 하고 싶다면 소설을 읽자! 그 누구도 뭐라고 할 사람 없다. 장르에 구애받지 말고 마음껏 즐기자.

지난해 말 서울 개포도서관에서 특강을 할 때 어느 학부모에게 이런 질문을 받았다.

"중학교 1학년인 우리 아이는 요즘 판타지에 푹 빠져 살고 있어요. 저는 아이가 보다 유익한 책들을 읽었으면 좋겠는데, 무슨 방법 없을까요?"

나는 "마음껏 읽게 그냥 두세요. 아니, 더 많이 읽도록 응원해 주세요."라고 대답했다. 부모님의 얼굴이 뭔가 개운치 않은 표정이다. 이렇게 부연했다.

"하루 종일 게임만 하는 아이들이 태반인데, 어머님의 자녀분은 판타지소설일망정 지금 독서를 즐기고 있습니다. 그것만으로도 얼마나 훌륭합니까? 어머님께서 말씀하시는 유익한 책이 무엇인지 정확히 모르겠지만, 조금만 기다려 보세요. 자녀분은 곧 세상의 모든 책을 읽겠다고 말할 겁니다."

이 말은 절대로 위로나 거짓이 아니다. 그 누구든 '읽는 즐거움'을 알게 되면 평생 손에서 책을 놓지 못하게 된다. 바꿔 말하면 지금 당신이 독서를 즐기지 못하고 있다면 지금껏 '읽는 즐거움'을 알지 못했다는 뜻이다.

"여러분은 왜 책을 읽지 않습니까?"

기업체에서 특강을 할 때마다 청중들에게 던지는 질문이다. 비즈니스맨들의 대답은 한결 같다.

"시간이 없어요."

정말 책 읽을 시간이 없는 걸까? 결코 그렇지 않다. 단지 우선순위에서 밀려 있을 뿐이다. 드라마 볼 시간, 게임 할 시간, 친구와 한잔 걸칠 시간보다 우선순위에서 뒤처져 있기 때문에 '책 읽을 시간'이 없다고 느낄 뿐이다. 달리 말해 독서가 드라마나 게임보다 재미없다고 느끼고 있다는 말이다.

하지만 아이러니하게도 유명 영화나 게임의 원작은 대부분 소설이란 사실. 원작 소설을 먼저 읽은 영화 관객들은 영화보다 원작이 10배 20배 더 재미있다고 말한다. 감독 역시 그런 재미를 느꼈기 때문에 영화로 만들어보겠다고 한 것이 아니겠는가? 다시 강조하지만 책은, 독서는 원래 즐거운 것이다.

4

CEO들이 만화에 빠진 이유

'읽는 즐거움'에서 빼놓을 수 없는 책이 바로 만화다. 독서를 즐기고 싶다면 우선 만화라도 읽자. 오늘날 만화는 더 이상 아이들의 전유물이 아니다. CEO들 사이에서는 필독서로 꼽히는 만화책이 한 권 있다. 바로 『미스터 초밥왕』(학산문화사)이다. 『미스터 초밥왕』은 다이스케 테라사와의 요리 만화로, 일본에서만 1,000만 권 이상 팔린 초대형 베스트셀러인데 SK그룹의 최태원 회장이 『미스터 초밥왕』의 대표적인 추종자로 손꼽힌다. 최 회장이 이 만화에 관심을 기울인 이유는 '음식을 만들 때 먹는 사람을 먼저 생각한다'는 미스터 초밥왕의 주제가 '고객의 가치'를 우선시하는 SK그룹의 경영이념과 일맥상통한다고 생각했기 때문이다. 그 외에 많은 CEO들이 이 만화를 임직원들에게 권하고 있다.

『신의 물방울』(아기 타다시, 학산문화사) 역시 와인에 관심이 많은 30~40대의 폭발적인 호응을 얻은 만화이고, 고우영 화백의 작품들을 비롯해 이원복의 『먼 나라 이웃 나라』(김영사) 시리즈, 허영만의 『식객』(김영사), 『꼴』(위즈덤하우스), 그리고 칭기즈칸의 일대기를 다룬 『말에서 내리지 않는 무사』(월드김영사) 등도 성인 독자들의 많은 사랑을 얻고 있다.

이처럼 CEO들이 만화로부터 경영에 관한 영감을 얻고, 임직원들에게 만화를 추천하게 된 배경에는 전문 지식에 바탕을 둔 깊이 있는 만화가 그만큼 많아졌기 때문이다. 만화를 통해 일하는 방식을 배우고 그 분야의 트렌드도 익히며 경영의 아이디어도 얻을 수 있다는 것이다. 오죽하면 『CEO, 만화에서 경영을 배우다』(비전코리아)라는 책이 있겠는가.

어쨌든 우리가 주목할 점은 CEO들도 만화를 즐겨본다는 사실이다. 즉 그들도 '읽는 즐거움'을 우선시한다.

문화체육관광부가 한국문화관광연구원에 의뢰해 2011년 12월

29일부터 2012년 1월 12일까지 전국의 만 18세 이상 성인남녀 2,000명을 대상으로 실시한 국민독서실태조사 결과에 의하면 지난해 우리나라 성인이 1년 동안 읽은 책은 평균 9.9권으로 조사됐다. 아울러 10명 중 3명의 성인은 한 권의 책도 읽지 않는다고 답했다. 최소한 10명 중 3명은 '읽는 즐거움'을 모르고 있다고 해석해도 좋을 것이다. 당신은 어디에 속하는가?

걱정할 건 없다. '읽는 즐거움'을 안다면, 당신은 1년에 10권이 아니라 120만 원 클럽에도 가입할 수 있기 때문이다.

120만 원 클럽은 한 달 평균 10만 원, 한 해 120만 원어치 책을 사는 강호의 독서고수들을 말한다. 국내 대형 서점 4곳(교보문고 · 영풍문고 · 예스24 · 인터파크도서)에 의뢰해 산출한 자료에 따르면 120만 원 클럽의 평균 나이는 38.5세이고, 그 숫자는 11만 8730명이라고 한다.

연간 100권을 읽는 사람과 1년 동안 한 권의 책도 읽지 않은 사람은 인생을 바라보는 눈에서 얼마나 큰 차이가 있는 것일까? 모르긴 몰라도 뿌연 물안경을 끼고 깊은 물속을 헤엄치는 사람과 맑은 날 탁 트인 전망대에서 세상을 바라보는 사람만큼 차이가 나지 않을까 싶다.

5

독서, 몰입을 맛보는 가장 손쉬운 방법

이쯤에서 한 가지 짚고 넘어갈 것이 있다. '독서가 왜 즐거운가?' 하는 점이다. 물론 오쿠다 히데오의 『남쪽으로 튀어!』(은행나무) 같은 재미있는 소설을 읽으면 누구라도 배꼽 빠지는 경험을 한다. 하지만 독서가들의 이야기를 살펴보면 독서의 진정한 즐거움은 책에 깊게 빠져드는 몰입의 경험과, 책을 덮고 난 뒤 가슴 깊이 차오르는 뿌듯함에 있다고 한다. 나 역시 그런 경험이 있다.

대학을 졸업하고 사회에 뛰어든 지 3~4년 지났을 때였다. 밥벌

이를 하느라 내가 어떤 일을 했는지도 모를 만큼 바쁜 일상을 보내고 늦은 밤 집으로 돌아가는 길에 문득 '내가 이렇게 살려고 태어났나?' 하는 회의가 들어 서글퍼졌다. 나름 분주한 하루를 보냈지만 가만히 돌이켜 보면 나 자신에게는 별반 의미가 없는 평범한 하루였다는 것을 알았을 때 허기보다 더 깊은 헛헛함을 느꼈다.

그날 밤 나는 마음의 허기를 채우려고 친구들과 어울려 밤새 술을 마셨다. 하지만 다음 날 저녁이 되자 가슴은 더욱 텅 빈 듯했다. 맛집을 찾아가 배를 가득 채워도 돌아서면 가슴에 구멍 하나가 뻥 뚫렸다.

이 공허한 가슴을 무엇으로 채울까 오랜 시간 고민하던 어느 휴일 오후, 서재가 눈에 들어왔다. 나는 서재로 가서 먼지를 뒤집어쓴 책을 집어 들었다. 이런 저런 책들을 뒤지다 어느 글귀에 꽂혀 죽 따라 읽기 시작했다. 얼마나 읽었을까. 그때 문득 나는 내 깊은 마음속에 뭔가가 채워짐을 느꼈다. 그리고 책을 읽는 이 길지 않은 시간이 무미건조하고 평범한 일상을 특별한 하루로 만들어 준다는 생각이 들었다.

책을 읽다 보면 나는 어느새 골치 아픈 일상을 떠나 책 속의 어느 한 공간으로 이동한다. 그리고 저자가 펼치는 이야기에 빠져 주인공과 함께 희로애락을 느끼다 보면 시간의 흐름마저 잊는다.

책을 읽는 순간을 만끽하고 다시 현실로 돌아오면 느껴지는 '뿌듯한 무엇', 그것은 바로 내가 책을 읽으며 공감한 기억이다. 책을 읽으면서 시공간을 잊고 저자와 공감하는 순간, 나는 작은 행복감을 느낀다. 몰입의 대가이자 심리학자인 미하이 칙센트미하이 교수는 '이 순간 우리는 몰입했다'고 말한다. 미하이 교수는 이렇게 말한다.

"뭔가를 구입해서 소유하는 재미와 행복은 순간이고 그렇지 못할 때 불행을 느끼지만, 내가 좋아하는 일에 빠져 얻는 그것은 오래도록 지속되고, 추구하고자 하면 얻을 수 있는 것이어서 인생을 사는 동안 행복해질 수 있다."

그리고 우리가 현재의 무엇에 몰두할 때 '우리가 받을 수 있는 최고의 선물'을 얻는다고 한다. 몰입을 통해 느껴지는 뿌듯한 보람과 작은 행복감이 바로 '선물'인 셈이다.

아울러 미하이 교수는 "전 세계에서 가장 빈번하게 나타나는 것으로 보고된 몰입 경험은 좋은 책을 읽는 행위이다. 독서 삼매경을 경험할 때 사람들은 등장인물과 파란만장한 사건에 완전히 빠져들게 된다. 상당히 빈번한 경우이긴 하지만, 일을 할 때에도 몰입을 경험할 수 있다."고 말했다. 물론 취미활동이나 스포츠 등을 통해서도 우리는 몰입할 수 있다. 하지만 언제 어디서든 가장 쉽고 빠르게 몰입할 수 있는 대상으로 책만 한 것이 없다. 독서는 우리에게 즐거움과 배움, 그리고 깨달음을 주지만 행복감도 준다. 몰입이 주는 행복감, 그것은 무엇으로도 바꿀 수 없는 기쁨이다.

그렇다고 독서하는 과정이 모두 즐겁고 유쾌한 것은 아니다. 500페이지가 넘는 두꺼운 책을 읽거나, 잘 이해가 되지 않는 어려운 책을 읽을 때 어찌 즐겁다 할 수 있겠는가. 하지만 미하이 교수는 '기록을 깨기 위한 수영 선수'의 예를 들어 고달프고 어려운 순간을 넘기는 과정 역시 결국은 행복한 순간이고, 그것을 경험하기에 즐거워진다며 이렇게 말했다.

"수영 선수가 자신의 기록을 깨기 위해 전력을 다한 후에, 그의 근육은 상당한 통증을 느낄 것이고, 허파가 터질 듯이 숨이 가빠올 것이며, 기운이 쭉 빠지면서 어지러움을 느낄 수도 있다. 그렇다 해도 그 순간은 그의 인생에서 최고일 수 있다. 자기의 인생을 통제할 수 있는 힘을 갖는다는 것은 절대 쉬운 일이 아닐뿐더러, 매우 고통스러운 일이 될 수도 있다. 그러나 이러한 최적 경험들을 하나둘씩 축적하다 보면 어느덧 자기가 인생의 내용을 차곡차곡 채워나가는 과정에서 소외되지 않고 주인의 역할을 하고 있다는 느낌을 갖게 될 것이다. 내 인생의 주인공은 나라는 강렬한 자각, 바로 이러한 느낌이 우리가 염원하는 행복에 가까운 상태가 아닐까?"

(몰입, 미치도록 행복한 나를 만난다, 미하이 칙센트미하이, 한울림, 28쪽)

높은 산을 힘겹게 오를 때 우리는 종종 '저 산만 넘으면 그 다음은 쉬울 거야.'고 스스로 타이르고 그 목적에만 집중해서 정상을 향해 한 걸음씩 옮기곤 한다. 마침내 정상에 올라섰을 때 가슴이 탁 트이는 시원함과 함께 가슴이 꽉 채워지는 느낌이 동시에 드는데 이때의 뿌듯함이 바로 작은 행복이다. 미하이 교수는 '플로우(the flow)'라는 것은 다른 일에 신경을 쓰지 않을 만큼 지금 하는 일에 푹 빠져 있는 상태이며, 그 경험 자체가 매우 즐겁기 때문에 이를 위해서는 어지간한 고생도 감내하게 된다고 말한다. 책을 읽을 때도 몰입의 행복감은 찾아온다. 책을 읽으면서 울고, 웃고, 가슴을 졸이다 마지막 장을 덮고 난 뒤 우리는 휴우 한숨을 쉬며 뿌듯한 무엇을 느낀다. 책을 통해 지금껏 알지 못한 새로운 사실을 알았거나, 나를 전율케 하는 깨달음을 얻었거나 혹은 베개를 해도 될 만큼 두꺼운 책을 모두 읽었을 때도 뿌듯함이 느껴진다. 이 작은 행복감이 즐거워서 우리는 책을 읽는다.

'몰입'이라고 하면 생각나는 책이 있다. 바로 세계적인 베스트셀러 작가 스펜서 존슨이 쓴 『선물(The Present)』(랜덤하우스코리아)이다. 한 소년이 성장하면서 '세상에서 가장 소중한 선물'을 찾아가는 여정을 그린 책인데, 소년이 찾아낸 '우리가 받을 수 있는 최고의 선물'이 바로 '몰입'이었다.

"정말 그 선물을 찾고 싶다면, 자네가 다른 행복했고 가장 성공적이었던 때를 생각해 보게."
그는 어려서 잔디를 깎던 일을 노인과 함께 이야기했던 기억을 떠올렸다. 그때 그는 잔디 깎는 일에만 정신을 집중해서 다른 일에는 전혀 관심도 주지 않았었다.
"지금 하는 일에 완전히 몰두할 때 넌 산만하지 않고 행복하다. 정신을 집중해서 다른 일에는 전혀 관심도 주지 않았었다. 지금 하는 일에 완전히 몰두할 때 넌 산만하지 않고 행복하다."
노인은 그렇게 말했었다.
"너는 바로 지금 일어나는 일에만 정신을 집중한다."
그제서야 오랫동안 그런 기분을 느끼지 못했다는 걸 깨달았다. 직장뿐 아니라 다른 분야도 마찬가지였다. 쓸데없이 과거에 대한 후회나, 미래에 대한 불안에 사로잡히곤 했었다. 그는 오두막집 안을 찬찬히 살펴보았다. 그러고는 다시 모닥불을 바라보았다. 그 순간 그는 과거를 생각하지 않았다. 미래에 대한 불안도 잊고 있었다. 그냥 지금 자신이 있는 곳을, 그리고 지금 자신이 하는 것을 즐기고 있었다.

이윽고 미소가 떠올랐다. 기분이 아주 좋아진 것을 느낄 수 있었다. 그는 오직 자신의 현재(The Present)를 그냥 즐기고 있었던 것이다. 지금 이 순간에 존재하고 있는 자신을 즐기고 있을 뿐이었다. 그 순간 갑자기 무언가가 뇌리를 스쳤다. "그래, 바로 그거야!"

비로소 그는 '소중한 선물'이 무엇인지 알 수 있었다. 그것은 늘 그곳에 있었던 것이다.

(선물, 스펜서 존슨, 랜덤하우스, 39~41쪽)

결론적으로 우리는 과거의 후회와 미래의 불안을 잊고 지금 내가 하고 있는 무엇에 푹 빠져 몰입할 때 뿌듯한 보람을 느끼고 행복을 맛본다. 그 행복을 맛보기 위한 가장 손쉬운 수단이 바로 독서다.

6

게임의 몰입과 독서의 몰입이 다른 이유

지난 해 어느 대학에서 '일상에서 몰입을 경험할 수 있는 것 가운데 독서만 한 것이 없다'고 강의할 때였다. 어느 남학생이 질문을 던졌다.

"저는 게임할 때 정말 최고로 몰입이 잘 됩니다. 시간을 잊는 데는 게임보다 나은 것이 없는 것 같은데요. 그런데 게임을 마치고 나면 눈도 아프고 머리도 아프고 정신이 멍해집니다. 기분도 즐겁지 않습니다. 시공간을 잊고 몰입한다는 측면에서 게임과 독서가 비슷한 것 같은데 왜 몰입의 결과는 이렇게 차이가 나는 걸까요?"

나는 이렇게 대답했다.

"게임에 빠져드는 것은 '몰입'이 아니라 '탐닉'입니다. 어떤 것이 몹시 즐거워서 온통 마음이 쏠리는 것은 독서와 게임이 모두 같습니다. 하지만 그 결과는 다릅니다. 독서에 몰입하고 나면 '어제와는 다른 나', '보다 성장한 나'를 만들 수 있습니다. 그래서 몰입의 즐거움이 독서가 끝난 뒤에도 이어지면서 행복을 가져다줍니다.

반면 게임은 어떤가요? 캐릭터는 레벨이 올랐을지 모르지만 현실의 나에게는 아무런 변화도 생기지 않습니다. 게임 실력은 늘었을지 모르지만 그 실력이 현실의 내게 아무런 도움이 되지 못한다는 말입니다. 똑같이 몰입을 했습니다만, 독서에 들인 시간은 내 가슴에 뿌듯함을 남기고, 게임에 들인 시간은 아무것도 남기지 못한 채 한 줌 재처럼 사라집니다. 뇌 과학적으로도 증명이 되는 이야기입니다."

이 차이를 알려주는 한 가지 실험이 있다.

2010년 11월 29일자 EBS에서 방영된 「과학카페 – 읽기의 과학」에서는 게임에 몰입된 사람과 책에 몰입한 사람의 뇌가 얼마나 다른지 보여주었다.

일본 뇌과학계의 권위자인 모리 아키오 교수(니혼대학교)는 실험

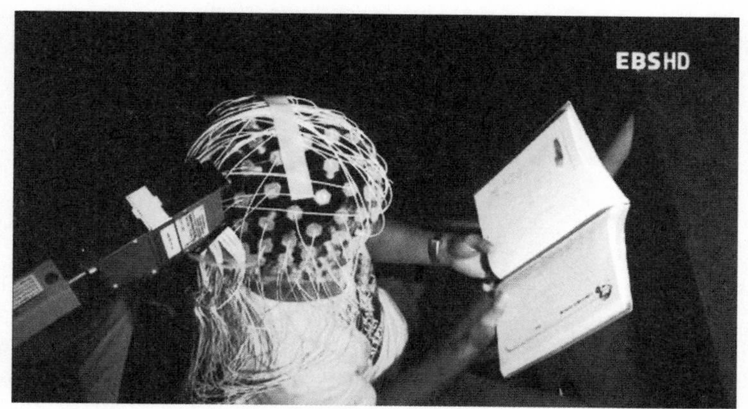

| 책을 읽을 때와 게임을 할 때 뇌에는 어떤 차이가 있을까, EBS「과학카페–읽기의 과학」

자의 머리에 128개의 센서를 부착하고 책을 읽을 때와 게임을 할 때 뇌의 움직임이 어떻게 다른지 관찰했다. 결과는 놀라웠다.

독서할 때는 뇌가 전반적으로 활발하게 움직이고 있었다. 전두엽과 후두엽이 쉬지 않고 전기 신호를 주고받았다. 반면 게임하는 뇌는 극히 일부만이 활성화되어 있었다. 이처럼 현격한 차이가 나타나는 이유는 뭘까?

그 차이는 바로 상상(imagine)이다. 독서는 우리로 하여금 상상하게 한다. 글자를 읽는 동안 우리 뇌는 문자로 전달된 메시지를 영상(image)으로 전환한다. 예컨대 소설을 읽는 순간 우리는 영화감독이 된다. 작가가 쓴 스토리를 읽으면서 남녀 주인공을 캐스팅하고 소설 속 배경을 내 마음대로 그리며 장면 장면을 구성한다. 클로즈업도 해보고 롱 테이크도 찍어보고 배경 음악도 넣고 비도 내리게 한다. 영화에서는 내가 끼어들 여지가 없지만 소설 속에서는 마음껏 그림을 그릴 수 있는 여지가 있다. 소설을 원작으로 만든 영화가 소설보다 못하다는 평이 많은 이유를 나는 '영화는 상상력을 제한하지만 소설은 상상력의 공간을 무한히 열어놓기 때문'이라고 믿는다. 같은 소설을 읽고 서로 다른 영화를 찍은 감독들이 있는 이유도 글 자체가 불러일으키는 상상력 때문이라고 생각한다. 상상이 주는 즐거움은 그만큼 크다.

비단 소설뿐 아니라 다른 장르의 책을 읽으면서도 우리는 상상한다. 성공한 사람들의 스토리를 읽으며 우리는 그가 겪은 어려운 순간을 심호흡을 하며 함께 넘고, 다양한 여행서를 통해 한 번도 밟아본 적이 없는 이국의 땅을 다닌다. 수필을 읽으며 펜 속에 숨은 사색의 깊이를 느끼고, 자기계발서를 읽으며 내 속에 숨어 있는 보다 나은 나를 찾아낸다. 이처럼 책을 읽으면서 몰입할 수 있는 것은 우리가 상상하기 때문이다.

다시 정리해 보자. 우리가 독서를 하는 이유 중 하나는 몰입할 수 있어서다. 그리고 독서하면서 몰입하는 이유는 우리가 상상하기 때문이다. 책을 통해 마음껏 상상하는 동안 우리의 뇌는 그 어느 때보다 활성화된다. 책을 많이 읽는 사람이 쉬이 늙지 않고 일반인보다 치매에 걸릴 확률이 낮다는 연구결과는 괜한 게 아니다.

반면 게임을 하면서 경험하게 되는 몰입은 몰입이 아니라 세뇌에 가깝다. 모니터의 화려한 영상을 쫓아가느라 우리 뇌는 상상할 틈이 없다. 무지막지하게 들어오는 영상 정보를 처리하기에도 너무 바쁜 까닭이다. 또한 게임이 너무 어렵고 복잡하면 절대 히트를 칠 수 없기 때문에 누구나 쉽게 할 수 있도록 접근성을 용이하게 만든다. 자연히 뇌는 둔해지기 마련이다. 더구나 게임 이후에는 가슴에 무엇 하나 남는 게 없게 되니 게임할 때는 몰랐으나 로그아웃을 하는 순간 피로감과 허무감이 갑작스레 밀려든다. 똑같은 힘을 썼더라도 트로피를 쟁취한 팀은 활기로 넘치지만 패배한 팀은 심한 피로감을 느끼는 것처럼 말이다.

7

태어날 때부터 책과 안 친한 사람은 없다

대학이나 기업에 강의를 가면 '나는 책과 궁합이 맞지 않는다.'고 말하는 사람을 종종 만난다. 이야기인즉슨 제아무리 잘 나가는 베스트셀러라 할지라도 책만 잡았다 하면 채 3페이지를 넘기지 못하고 하품이 나온단다. 어떤 남학생은 살다 보면 정말 친하지 않은 책이지만 한 번쯤 펼쳐보는 때가 있다고 한다. 늦은 시각, 잠이 오지 않아 이리 뒤척 저리 뒤척 할 때이다. 하지만 단언컨대 선천적으로 책과 안 친한 사람은 없다. 다만 아직 궁합이 맞는 책을 만나지 못했을 뿐이다.

독서의 즐거움을 알지 못하는 사람을 만나면 안타깝기 그지없다. 음식의 맛은 직접 느껴봐야 알지 아무리 엄지손가락을 치켜세우고 설명해 봐야 그 맛을 어찌 알랴. 독서도 마찬가지다. 어려서부터 책 읽기를 습관화했던 사람은 나이가 들어서도 책 읽기를 계속할 수 있지만(세계적인 문호이자 소설가인 호르헤 루이스 보르헤스는 시력을 잃자 서점에서 일하는 점원 알베르토 망구엘에게 대신 책을 읽혀 귀로 읽었다), 어른이 된 이후에 책 읽기를 시작한 사람은 특별한 계기가 없는 한 좀처럼 책 한 권 읽기가 쉬운 일이 아니다. 특히 '나는 원래 책과 안 친한가 봐'라고 말할 만큼 시도조차 하지 않으려는 사람에게 책을 붙들게 하기란 쉬운 일이 아니다. 이러한 '독서 포기자'가 다른 사람이라면 '아, 그러세요? 인생의 큰 즐거움 하나를 포기하셨군요.' 하고 신경을 끄겠지만, 다름 아닌 이제 막 성인이 된 20살, 23살 두 남동생들이 독서 포기자였으니 내게 큰 골칫거리였다.

그러던 어느 날, 아버지가 갑자기 돌아가셨다.

평소 술을 좋아하시던 아버지는 이른 봄날 출근길에 심근경색으로 쓰러지시곤 영영 일어나지 않으셨다. 평소 술은 즐기셨지만 항상 건강을 챙기시던 분이라 가족의 충격은 무척이나 컸다. 장남인 나는 하루아침에 집안을 책임져야 하는 가장이 되었다. 그러나 이보다 더 어려운 것이 다 큰 동생들을 살피는 일이었다. 아버지를 대신한다는 일이 그토록 어렵고 어깨가 무거운 일인지 나는 미처 몰랐다. 동생들이 내 말을 따르게 하려면 우선 내가 그들을 보살필 수 있어야 했다.

그래서 나는 동생들의 용돈을 직접 주기로 했다. 단 조건이 있었다. 내게 용돈을 받고 싶으면 '내 서재에 있는 책'을 읽어야 했다. 그리고 독후감을 써서 온라인 서점에 올린 후 나와 인터뷰 형식으로 대화를 나눠야 했다. 그래서 '제대로 읽었다'고 판단되면 2~4만 원 정도의 용돈을 지급하기로 했다. 일종의 '인센티브제도'를 도입한 것인데, 두 동생들에게 독서를 독려하기 위한 자구책이었다.

이 방법을 고민하면서 나는 어머니와 많은 이야기를 나누었다. 어머니는 '두 아들들이 밖에서 아까운 시간을 낭비하며 남에게 돈 벌어주는 일은 시키기 싫다. 그렇다고 아무런 수고 없이 용돈을 줄 수는 없다.'고 하셨다. 나는 어머니 말씀에 동의하고 '동생들이 많은 책을 읽었으면 좋겠다.'고 생각했다.

그러던 중 프랑스의 대학 입학시험인 바칼로레아(Baccalauréat, BAC라고도 부른다) 시험을 떠올리고 이 방식을 일부 채용하기로 했다. BAC 시험은 보통 두 부분으로 나뉘는데 1부는 논술시험, 즉 필기시험으로 4시간 동안 진행되며 주로 시, 소설, 시나리오 등의 문학텍스트를 분량 제한 없이 분석하는 것이다. 일주일 뒤에 시행되는 2부는 인터뷰, 즉 구술시험으로 텍스트를 받은 후 30분 동안 준비한 후 20분 동안 시험관 앞에서 설명하는 방식이다.

'현재 내가 얼마나 알고 있는지' 파악하는 데는 BAC만 한 시험 방식이 없다고 생각했다. 그래서 이 시험을 일부 적용하여 읽기와 글쓰기, 그리고 말하기 연습을 동시에 시킬 수 있으리라 생각했다. 동생들 역시 책을 읽고 용돈을 받는 게 마치 지적 노동을 하는 것 같다며 마다하지 않았다. 한 주 동안 몇 권을 읽을지는 자유에 맡겼다. 적게 읽으면 적게 읽은 대로, 많이 읽으면 많이 읽은 대로 딱 읽은 만큼만 용돈을 주기로 계약서를 만들어 도장을 찍었다. 나는 어머니께 무슨 일이 있더라도 동생들에게 공돈을 주는 일은 없어야 하고 아르바이트도 절대로 허용하지 말아야 한다고 말씀 드렸다.

동생들이 읽어야 할 책은 내 방 서재에 있는 책(이미 내가 읽은)으로 한정했다. 그래야 내가 동생들이 읽었는지 알 수 있기 때문이었다. 첫 달, 23살의 둘째는 3권을 읽어 8만 원을, 20살짜리 막내는 2권을 읽어 5만 원을 벌었다. 평소 1/5도 되지 않는 용돈이었다. 동생들의 얼굴은 하얗게 사색이 되었다. 평소 책과 담을 쌓고 지내던 옛 습관은 잊고 너무 우습게 본 게 화근이었다. 책을 읽기도 쉽지 않을 뿐더러 읽고 느낀 바를 글로 쓰고 말로 푼다는 게 어렵다는 것을 어찌 상상이나 했겠는가. 동생들에게는 막노동보다 더 힘든 정신노동이었다. 하지만 이미 약속한 일이고, 결정한 일이었다. 엎지른 물을 다시 돌이킬 수는 없었다.

첫 번째 검사를 받던 날이었다. 둘째가 쓴 독후감을 읽어 보니, 생각보다 잘 써서 깜짝 놀랐다. 평소 글을 써본 사람이 아니고서는 나올 수 없는 문장들도 보였다. 미심쩍었다. 조용히 컴퓨터를 켰다. 아니나 다를까 온라인 서점에 누군가 써놓은 리뷰를 통째로 복사해서 제출한 것이었다. 동생의 눈에서 눈물이 쏙 빠지게 야단을 치고, 독후감 부분을 뺀 절반만 용돈으로 줬다. 그러자 막내 동생은 아예 내게 보여주지도 않고 다시 써 온다고 제 방으로 돌아갔다. 그 날 깨달은 바가 있었는지 이후부터는 남이 쓴 리뷰를 참고는 해도 베끼는 일은 더 이상 없었다.

3개월 이후부터는 매월 5~6권을 읽기 시작했고, 여자 친구가 생긴 후부터는 보통 때의 두 배가 되기도 했다. 연애는 돈보다 힘이 셌다.

이런 식으로 정확히 16개월 동안 용돈을 줬다. 1년이 지나자 각자 평균 50만 원 이상 용돈을 받아갔고, 연말에는 90만 원을 강탈한(?) 적도 있었다. 하지만 16개월이 지난 뒤로는 더 이상 용돈을 줄 필요가 없었다. 저마다 제 할 일을 찾아서 취직을 했기 때문이다. 현재 둘째는 강남에서 내로라하는 일식요릿집에서 주방장으로 근무하고 있고, 막내는 중견기업에 취직해 마케팅을 담당하고 있다. 물론 둘 다 지금도 1년에 최소 100권의 책을 읽고 있다.

나의 이러한 방법에 대해 고개를 갸웃할 독자가 있을지 모른다. 얼마 전 『정의란 무엇인가』(김영사)라는 밀리언셀러를 썼던 마이클 샌델 하버드대 교수의 신간 『돈으로 살 수 없는 것들』(와이즈베리)을 읽었는데 본문의 내용 중에 댈러스의 한 초등학교는 학생이 책 한 권을 읽을 때마다 2달러를 줬다며 아이에게 돈을 줘서 책을 읽히면 독서량은 늘릴지 몰라도 독서 그 자체를 즐기는 게 아니라 수단으로 여기게 된다며 비판했다.

물론 처음에는 독서보다 돈 받는 것이 더 크게 보일지 모른다. 하지만 나는 믿는다. 나중에는 분명 돈보다 독서 그 자체를 즐기게 되리라고 말이다. 어떤 사람에게는 돈이 '미끼'로 보일지 모르지만 나는 '동기부여'라고 생각했다. 물론 책 읽으면 보상을 주겠다는 생각은 최선이 아닌 궁여지책이다. 하지만 다른 방법이 없다면? 더 좋은 방법을 찾기 힘들다면? 나는 이런 시도가 최소한 안

하는 것보다는 낫다고 생각한다.

여러분의 자녀나 조카에게 이 방법을 적용해 본다면 과연 무엇을 줄 것인가에 대해 따로 고민해야 한다. 나는 성인이 된 동생들에게 가장 필요한 것이 '돈'이라고 생각했다. 그러나 환경이나 대상이 달라지면 보상의 방식도 달라져야 한다.

'인센티브가 세상을 움직인다'고 이야기했던 스티븐 레빗의 베스트셀러 『괴짜경제학(Freakonomics)』(웅진지식하우스)도 내 생각과 뜻을 같이한다. 저자에 의하면 인센티브(다른 말로는 '피드백'이라 할 수 있다.)는 '어떤 일을 했을 때 거기에 주어지는 대가'를 말한다. 인센티브는 크게 도덕적(착하다/나쁘다), 사회적(명예/인기), 금전적(경제적 이익) 인센티브 3가지가 있는데, 문제는 인센티브가 어떻게 주어지느냐에 따라 사람의 행동이 달라진다는 것이다. 예를 들어 헌혈을 장려하기 위해 현금을 준다면 어떨까? 저자는 헌혈자가 현금을 받게 되면 예상과 달리 헌혈은 줄어든다고 말한다. 헌혈이라는 고귀한 행위, 도덕적 행위가 '매혈(賣血)', 즉 돈 몇 푼 받고 피를 파는 천박한 짓으로 보일 수도 있기 때문이다. 그래서 타인의 생명을 구하는 숭고한 행위가 매혈로 전락함으로써 사람들은 꺼리게 된다는 분석이었다. 하지만 동생들이 처한 상황은 달랐다. 아르바이트도 못하는 가난한 내 동생들에게는 돈보다 더 힘이 센 건 없다는 것이 그때 내가 내린 판단이었다.

보상의 형태는 다양하다. 영국에는 '리딩 더 게임(Reading the Game)'이라는 독서 양성 프로그램이 있다. 남자아이들에게 책을 읽히기 위한 프로그램으로, 영국 프리미어리그 20개 구단의 축구 선수들이 함께 참여했다. 예컨대 웨인 루니 같은 스타플레이어들이 자신이 좋아하는 책을 추천하고, 아이들이 축구와 관련된 읽기와 쓰기 활동을 하는 식이다. 읽기 전에는 그 즐거움을 모르는 게 독서다. 그런데 스타플레이어들이 책을 추천하도록 만들었더니 아이들에게 놀라운 파급력이 있었다. 아울러 프로축구선수들이 1일 책 읽기 선생을 자처하는가 하면, 아이들에게 유명한 플레이어를 읽기 챔피언으로 선정해 1년 동안 그가 책을 추천하도록 하고, 책을 읽은 아이들에게 축구공과 축구용품도 나누어 주었다. 이 프로그램은 학생들로부터 95%의 만족도를 보였다고 한다.

또한 영국 브라이튼에서는 '리딩 챔피온'이라고 해서 아이들을 독서광으로 만드는 또 다른 방법이 있다. 마일 오크 초등학교에서 실시한 프로그램인데 일명 '코트 리딩'이다. 우리말로 풀자면 '독서현장을 잡아라!' 정도 된다.

코트 리딩의 내용은 이렇다. 쉬는 시간에 누군가 책을 읽고 있는 모습을 선생님이 본다면 아이들에게 한 장의 티켓을 준다. 그

티켓은 나중에 상자에 모아 추첨을 거치게 되는데 여기서 당첨된 사람은 수영장 표나 스포츠 경기표 등의 상을 받을 수 있다. 경쟁 심리를 도입해 학생들이 책 읽는 현장을 많이 들켜서 티켓을 늘려 상품 받을 확률을 높이도록 한 것인데, 프로그램에 참여하다 보면 궁극의 목표인 독서의 즐거움과 유익함을 스스로 알게 된다는 것이다. 현재 마일 오크 초등학교는 지금은 영국에서도 알아주는 독서광들이 다녔던 학교로 소문이 자자하다고 한다.

산은 하나여도 정상에 이르는 등산로는 여러 갈래이다. 그 어떤 길로 가든 독서의 즐거움을 아는 것이 무엇보다 중요하다고 생각한다. 동생들 역시 나름 책을 즐기는 독서가가 되어 무척 다행스럽게 생각한다. 이 글을 읽는 독자들에게도 보상을 활용하는 방법도 제법 유용하다는 사실을 말하고 싶다. 잊지 말아야 할 점은 어떤 방법을 동원하든 어떤 인센티브를 주든 간에 책을 읽지 않았던 때보다는 낫다는 사실이다. 그리고 책 읽기의 즐거움을 알게 되면 그 순간부터 인센티브는 더 이상 목적이 되지 못한다는 사실이다.

어느 인터뷰에서 책 많이 읽는 개그맨 전유성 씨에게 '책에서 무엇을 얻을 수 있는가?'라는 질문을 했다. 뒤집어 말하면 '책을 왜 읽느냐?'일 것이다. 그는 이렇게 대답했다.

"중요한 질문이다. 내가 처음 책에서 무엇을 얻은 건 중학교 2

학년 때 작은고모가 읽던 일본 소설 『빙점』이다. 다른 건 기억이 안 나는데 스토리 중에 초등학교 여자애가 집에 갈 차비를 잃어버렸는데, 주위 친구들이 차비 잃어버린 걸 걱정해주니까 정작 본인은 '내가 잃어버린 돈을 주운 사람은 얼마나 기쁠까?'라고 말하던 대목! 그래, 세상은 이렇게도 볼 수 있고 저렇게도 볼 수 있구나! 세상 보는 시각을 여러 가지로 볼 수 있게 해준 결정적인 계기가 된 책이다. 소설 제목이 『빙점』인지 아닌지도 사실은 잘 모르겠지만 여자아이가 한 말은 확실하게 기억한다."

독서는 깨달음을 준다. 전유성의 말처럼 우리는 한 편의 소설 속에서도 삶의 소중한 깨달음을 얻을 수 있다. 즐겼으면 이제 배우고, 느끼고, 깨달아야 할 차례다. 하지만 걱정일랑 붙들어 매자. 책을 읽으며 배우고, 느끼고, 깨닫는 이 과정 역시 겁나게 즐겁다.

칼럼

10년 독서 내공의 시작은 용돈 벌기

김범선(첫째 동생, 문스시 역삼점 점장)

나는 요즘 구직자들이 말하는 '화려한 스펙'을 가지고 있지 않다. 대학을 4년에 걸쳐 무려 3군데나 다녔지만 끝내 졸업한 곳은 한 곳도 없고, 1년여 동안 호주 연수도 다녀왔지만 폼 나게 영어를 구사하지도 못한다. 하지만 어느 광고의 말처럼 내겐 '믿는 구석'이 있다. 대한민국 직장인 100명 중 한 명 있을까 말까 한 스펙을 내가 가지고 있기 때문이다. 그것은 바로 내가 '독서가'라는 사실이다.

나는 10년째 매월 평균 10권 이상의 책을 읽는다. 매월 1.3권을 읽는 대한민국 평균 직장인보다 무려 8배 정도 더 많이 읽는 셈이다. 누군가 내게 '권수가 문제냐, 어떤 책을 어떻게 읽었느냐가 더 중요한 것 아니냐?'고 물을지 모르겠다. 만약 그렇다면 나는 "당신은 내가 부러운가 보군요."라고 답할 것이다. 남의 독서에 감 놔라 배 놔라 하는 사람치고 책을 많이 읽는 사람 없다. 나는 그것만큼은 정말 잘 안다. 10년 전 내가 그랬으니까.

10년 전 내 나이 23살, 당시 나의 경제력은 굴욕적이게도 11살이나 많은 형님에게 달려 있었다. 54세라는 젊은 나이에 심근경색으로 갑자기 돌아가신 아버지를 대신해 형님이 가계를 책임졌기 때문이다. 뜻한 바 있어 대학을 중도에 그만둔 탓에 '백수'였던 나는 일을 하지 않으면 돈 나올 구멍이 없었다. 문제는 집에서 내게 일을 하도록 허락하지 않았다는 점. 형님은 어느 날, 나를 불러 어머니와 상의를 마쳤다며 스무 살의 막내 동생과 함께 '용돈 버는 방법'을 말씀하셨다. 다름 아닌 책을 읽으라는 것이었다.

"독서를 해라. 그리고 리뷰를 써라. 그러면 몇 권을 읽든 권당 3만 원을 주겠다. 대신 그것이 너의 한 달 용돈이다."

말씀을 듣고 내 방에 돌아와 나는 "지화자!"를 외쳤다. 당시 내가 받는 용돈이 한 달 30만 원 정도였는데, 한 권에 3만 원이면 대충 읽어도 30만 원보다 더 벌 수 있을 거라고 생각했다. 20권이면 60만 원이고, 30권이면 90만 원이다. 책을 읽으면 내게 도움이 될 테고 열심히 읽는 대로 돈을 준다니, 이를 두고 '일석이조, 도랑 치고 가재 잡고, 님도 보고 뽕도 따고, 누이 좋고 매부 좋고'라 하지 않던가? 1주일 동안 책만 읽다가 주말에 두둑한 지갑을 주머니에 넣고 외출할 생각을 하니 흥이 절로 났다. 책을 읽은 후에 제출하기로 약속된 리뷰는 포털사이트에서 이것저것 잘라서 꿰어 맞추면 해결될 터, 내가 이 제안을 망설일 이유는 어디에도 없었다. 그렇게 해서 책이라는 단어만 들어도 하품을 하던 내가 책을 들었다. 그리고 곧 독서가 그리 녹록하지 않다는 사실을 알게 되었다.

첫 달 성적은 달랑 3권, 처참했다. 벌어들인 수입은 6만 5천 원. 9만 원이 못된 건, 인터넷에서 짜깁기한 첫 번째 책 리뷰가 발각되어 5천 원만 받았기 때문이다(돈 5천 원은 고사하고 실망한 형님으로부터 매를 맞지 않은 게 다행이었다). 나중에 살펴보니 책의 종류도 만만치 않았다. 형님이 읽은 책들은 경제경영서가 대부분, 누워서 한 눈만 뜨고도 술술 읽힐 것 같은 소설은 책장 어디에도 찾아볼 수 없었다. 게다가 용돈을 받을 수 있는 책은 형님이 읽은 책들이 모셔진 책장으로 국한되었고, 매번 먼저 읽고 좋았던 책들을 골라 추천해 줘서 말 그대로 대략 난감했다. 지금 생각해보면 전문가적인 견해를 가진 사람이 자신이 이미 본 책들을 엄선해 준 것이니 내게는 큰 행운이었다.

하지만 당시에는 내 지갑을 채우는 문제와 직접적으로 관련된 일이라 어렵고 두꺼운 책을 읽기는 딱 죽을 맛이었다(게다가 리뷰 베끼기가 불가능하다니. 완전히 작전 미스였다.).

처음에는 리뷰 쓰기가 책 읽는 시간보다 더 걸렸던 것 같다. 잘 읽지 않으면 아예 쓰지를 못하니 무엇 하나 놓칠 수 없었다. 문제는 또 있다. 리뷰를 쓰고 나면 형님과의 짧은 인터뷰가 있다. 책에 대한 나의 생각, 감명 깊게 읽었던 부분과 이유, 저자의 집필 이유에 대한 접근 방식과 그리고 소감들. 얼핏 근사해 보이지만 실제로 준비하고 경험한 나로서는 그 시간들이 정말 미치고 팔짝 뛸 만큼 힘든 시간이었다.

그때까지 한 달을 죽어라 읽어도 40만 원 이상 벌지 못한 것 같다. 그렇게 반년 정도 보내다가 다행스럽게(?) 용돈이 그리 많이 필요하지 않은 군대에 갔다. 하지만 그 6개월간의 독서는 나를 바꿨다. 특히 군대 입대 후 나는 달라지기 시작했다.

형님은 평소 이렇게 말했다.

“언제나 책을 곁에 둬라. 그리고 책 읽을 시간을 기다리지 말고 손수 만들어라.”

사회에서는 시어머니 잔소리 같던 형님의 충고가 군에서는 제대로 먹혔다. 하는 일 없이 눈코 뜰 새 없이 바쁘던 새내기 이등병 시절을 보내고 일등병이 되자, 군대라는 곳이 의외로 시간이 많은 곳이라는 걸 알았다. 특히 20분, 30분씩 남는 자투리 시간을 모두 합해 보니 일등병인 나에게 한가한 시간이 하루에 족히 3시간은 되었다. 게다가 정보작전 업무를 취급하는 행정병이었던 나는 마음만 먹으면 언제든 잠깐씩 책을 펼 수 있었다. 솔직히 말하면 게임이나 영화감상 등을 마음껏 할 수만 있다면 책을 들지는 않았을지 모른다.

하지만 군대가 아니던가. 아까운 시간을 버리지 않기 위해 발견한 것이 책이었다. 그래서 나는 "언제나 곁에 책을 둬라. 그리고 책 읽을 시간을 기다리지 말고 직접 만들어라."는 형님의 잔소리를 실천해 보기로 했다. 그러자 따분하고 평범하던 군 생활이 살짝 즐거워졌다. 책을 읽으며 몰입하다 보면 비록 내가 머물고 있는 곳과 내 몸은 칙칙한 국방색이지만, 책만 펼치면 '머리 짧은 대학생'인 된 기분이 들었다. 그 뭔지 모를 '해방된 기분'이 좋아서 나는 책을 놓지 않았다. 그래서 틈만 나면 책을 읽었고, 틈틈이 책을 펼쳤다. 상병이 돼서는 아예 하루 일과 중에 책 읽을 시간을 따로 만들 수 있어서, 매주 두 권 정도를 읽었다.

군부대에 책이 과연 몇 권 있을까 싶겠냐마는 읽었다는 사람은 많지 않아도 웬만한 베스트셀러와 스테디셀러는 거의 다 있다(사람들은 책을 읽지는 않아도 좋은 책은 항상 옆에 두려 한다. 이것이 바로 책이라는 물건이 지닌 힘일 것이다). 제대를 6개월 정도 앞두고 내무반 최고참이 된 나는 마치 활자 중독증에 걸린 사람처럼 닥치는 대로 책을 읽었다. 내무반에 있는 책은 모두 뒤져 읽었다. 그리고 당시 여자 친구와 형님께 부탁해서 소위 '핫(hot) 한' 책들을 읽었다. 그것도 부족해 나의 월급 전부를 털어 휴가 가는 동료들에게 책을 부탁했다.

그 중 가장 많이 읽은 책 중 하나는 론다 번의 『시크릿』(살림Biz)이라는 자기계발서다. 병영에 있으면서 사회에 나가 무엇을 할 것인가에 대해 한창 고민하던 내게 확실한 '동기부여'를 심어준 책이었다. 내가 읽은 자기계발서로는 그 책이 처음이었는데, 당시 내 상황에 시의적절했던지 그 내용에 감동한 나머지 영어원서를 따로 구입해 3번 가량을 더 읽었다. 딱히 영어 공부가 필요했던 것은 아니지만 원작이 주는 감동을 느끼고 싶었던 것 같다.

매년 대한민국 성인의 독서 실태를 살펴보면 여성이 남성보다 2배 이상 많이 읽는다. 그 점에서 한국 남자들이 책과 친해질 수 있는 마지막 시간은 어쩌면 '군대'가 아닐까 생각한다. 호주에 1년간 어학연수를 다녀왔는데, 그때 알고 지내던 일본 여자애가 하는 말이 일본 여자들이 한국 남자를 아시아에서 가장 멋지다고 평가하는데, 가장 큰 이유는 '군대를 다녀와서'라고 한다. 군대를 마친 한국 남자는 우선 '총을 쏠 줄 안다'는 것도 멋지지만 뭔지 모를 남성미가 있다는 것이다. 일견 공감이 가는 말이다. 하지만 나는 그 이유 중에 하나를 더 추가하고 싶다. 바로 책을 읽어서다. 아무리 책과 담을 쌓은 사내라도 군대에 오면 최소한 10권쯤은 완독하고, 그 속에서 내가 그동안 찾고 있던 그 '무엇'에 대한 해답을 얻는 경험을 한다. 이 글을 읽는다면 주위에 있는 남성들에게 지금껏 인생에서 '제대로 책 읽은 시기'가 언제인지 물어보라. '군대에서 독서를 배웠다'고 대답하는 남자들 꽤 있을 것이다.

제대 후 나는 '책 한 권 읽느라 쩔쩔매는' 예전의 내가 아니었다. 내 용돈은 껑충 뛰었다. 어떤 달은 많게는 20권까지 읽어 60여만 원을 받은 적이 있었다. 물론 리뷰도 A4 용지가 꽉 차도록 훌륭하게 썼고, 형님과의 독서 인터뷰도 30분이 넘도록 길어졌다. "자슥, 제대로 읽었구나!" 형님의 평가는 늘 이랬다. 이 모든 것이 내 독서 습관이 바뀐 덕분이었다. 우선 마음가짐부터 달라졌다. 책 읽는 것이 '돈을 벌기 위해서'가 아니라, 책을 읽는 것 자체가 즐거워서 읽었다. 그러다 보니 독서하는 시간이 하루 중 가장 뜻 깊고 보람된 시간처럼 느껴졌다. 자연히 책을 읽는 시간은 길어졌다. 경험해 본 사람은 알 것이다. 책을 통해 한창 뭔가를 배울 때에는, 책을 한 권 덮을 때마다 내가 한 뼘 정도 자란 것 같은 기분이 든다는 것을. 그 뿌듯함은 정말 무엇과도 바꿀 수 없는 끝내주는 기분이다.

특히 내 친구들은 제목조차 모르는 책을 나는 이미 읽었다는 그 느낌은 정말 야릇하다. 지금 생각하면 이제 막 걸음마를 배운 아기가 마라토너 '이봉주'쯤 되는 줄 알고 뒤뚱뒤뚱 뛰는 것과 같은 한심하고 경박한 생각이 아닐 수 없다. 하지만 그 경박한 기분이 지금까지의 나를 만들어왔다. 원래 사람들이란 '자뻑'하면서 살아야 행복한 것 아니던가.

내가 변하자 막내 동생의 책 읽기도 확 변했다. 나의 이러한 독서 노하우를 동생이 어깨너머로 훔쳐 배운 것이다. 나는 이것을 터득하느라 얼마나 오랜 시간을 허비했던가. 순식간에 내 어깨에 올라 탄 막둥이가 얄밉기도 하지만, 그래서 기특하다. 아무튼 나와 동생이 많이 읽을수록 형님의 지갑은 점점 얇아져갔다. 하지만 형님은 오히려 즐거워하셨다. 이런 날이 오기까지 적지 않은 시간이 흘렀다. 나와 동생은 이젠 더 이상 형님으로부터 용돈을 받지 않는다. 나는 일식 요리 주방장을 거쳐 문스시 역산점 점장으로 뛰고 있고 막내 동생은 국내 중견기업 마케팅 부서에서 근무하며 돈을 벌고 있어서다. 하지만 독서는 여전히 내 하루에서 큰 부분을 차지하고 있다. 8년째 1년에 100권 이상 책을 읽고 있고, 읽어서 좋았던 부분은 노트에 필사하거나 리뷰를 남기고 있다.

독서는 내게 많은 것을 줬지만, 그 중 제일은 내게 '생각하는 법'을 알려주었다는 것이다. 독서는 깊이 있는 생각과 비판적인 수용을 가능케 해줬다. 그리고 남의 말을 경청하는 것이 얼마나 중요하고 큰일인지도 알려줬다. 독서는 '글로 경청하는 일'이기 때문이다. 그리고 독서 후 리뷰 쓰기는 내 생각을 글로 옮기는 방법을 알려주었고, 이러한 습관들은 내가 하고 싶은 말을 블로그와 SNS를 통해 세상에 마음껏 전할 수 있도록 도와주었다.

형님이 내게 알려준 '책과 친해지는 법'은 아래와 같이 요약할 수 있다.

1. 항상 책을 들고 다녀라.
2. 눈에 보이는 곳에 책을 둬라.
3. 책은 빌리는 물건이 아니다.
4. 재미없는 책은 덮어라. 재미있는 책이 세상에 널렸다.
5. 읽었거든 느낀 바를 쓰고 말해라. 그러면 책은 네 것이 된다.
6. 네가 읽은 책을 남에게 최소한 3분 이야기할 수 있어야 한다. 단, 상대가 지루해하지 않게 해야 한다.
7. 이해하기 어려운 책이라도 절대 포기하지 마라.

독서가 항상 즐겁고 쉬운 것은 아니다. 하지만 책을 읽지 않는 사람이 보는 세상은 책을 읽는 사람이 보는 세상의 채 절반이 되지 못한다는 사실을 기억한다면, 어느 정도의 수고는 감수할 수 있을 것이다. 그리고 그 수고는 머지않아 즐거움으로 바뀔 것이다. 독서가 답이다.

재미있게 읽었는데 남는 게 없다면? 1부에서 우리는 읽는 즐거움에 대해서 말했지만
책 읽기가 킬링 타임에 그친다면 과연 그 시간은 우리에게 무슨 의미일까?
읽기의 즐거움을 알았다면 이제 귀를 열어야 한다. 저자가 말하고 싶은 바,
그 이야기에 귀를 기울여야 한다. 그것이 귀로 읽는 독서, 즉 배움의 독서이다.
배움의 독서에서 중요한 것은 자기 관심사를 찾는 일이다. 나의 관심사가 경제경영에 있다는
사실을 알게 된 이후로 나는 소설 읽기에서 경제경영서 읽기로 갈아타게 되었다.
나를 미치게 했던 궁금증들을 해소하는 과정은 그 자체로 크나큰 즐거움이었다.
자, 당신에게도 머리를 가득 채우는 배움의 즐거움을 선사한다.

후천적 활자 중독에 빠지는 **둘째 방법**

머리라는 항아리에 독서라는 물을 부어라, 흘러넘칠 때까지!

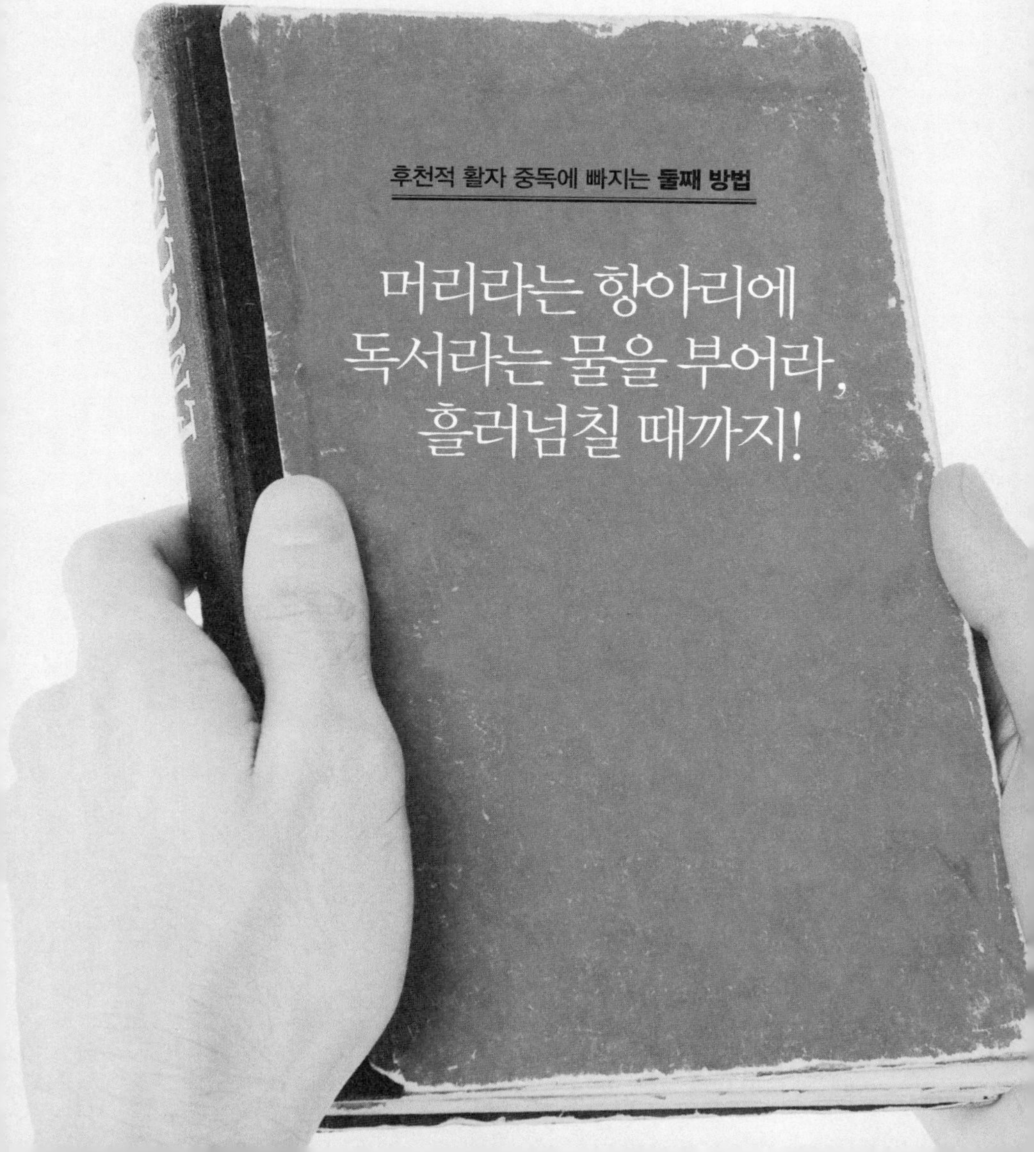

1

항아리 독서론

국문과 교수님의 책장에서 소설을 꺼내 읽은 지 두어 달 지났을 무렵이었다. 아무리 소설이지만 어떤 날은 술술 읽히고 어떤 날은 한 문장 읽기가 가시밭길 걷는 것처럼 힘들었다. 문제는 책을 덮고 난 다음 날이었다. 책을 폈는데 마치 새 책을 만난 듯 낯설었다. 주인공도 처음 보는 것 같고, 소설의 배경도 혼란스러웠다. 「올드 보이」 오대수의 말마따나 "너, 누구냐?"였다.

일본 소설 『대망』(동서문화사)을 읽을 때 몹시 그랬다. "중국에 『삼국지』가 있다면, 일본에는 『대망』이 있지."라는 선배의 말에 겁도 없이 덤벼들었지만 곧 미로처럼 얽히고설킨 등장인물의 관계망 속에서 길을 잃었다. 제일 힘든 건 이름이었다. 도대체 사람 이름을 외울 수가 없었다. 일본 이름이라곤 '비사이로 막가', '물아까와 쓰지마' 따위의 농담만 알던 내가 『대망』에 등장하는 수많은 인물들을 이름만으로 구분하기란 정말 힘든 일이었다. 게다가 그림 하나 없는 소설이었으니 얼굴도 알 리 없잖은가. 책을 펼 때마다 하는 말은 '이늠이 그늠 같고, 저늠이 요늠 같으니. 나 원 참.' 30페이지도 못 읽고 책을 덮어버리기 일쑤였다. 그 후로 한동안 일본 소설은 엄두를 못 냈다. 안되겠다 싶어 독서 스승, 국문과 교수님을 찾아갔다.

"교수님, 드릴 말씀이 있습니다. 지금껏 책을 읽는다고 읽었지만 사실 머릿속에 남는 게 없는 것 같습니다. 막상 무엇을 읽었는지 떠올리려고 하면 딱히 생각나는 것도 없고요. 사람 이름도 헷갈리고 당최 영화만큼 또렷하게 남질 않습니다. 책 읽는 방법이 잘못된 걸까요? 아니면 제가 책을 소화할 능력이 부족한 걸까요?"

그러자 교수님은 칼 구스타프 융의 무의식론을 빌려 독서는 두뇌라는 항아리에 물을 채우는 것과 같다고 설명했다. 교수님의 말씀을 요약하자면 이렇다. 머리를 항아리라고 하고 1권의 독서를 한 바가지의 물이라고 해보자. 한두 바가지 붓는다고 항아리가 가득차지 않는다. 항아리마다 다르겠지만 열 바가지, 스무 바가지, 서른 바가지쯤 채워야 좀 찼다고 느낀다. 물론 여전히 인풋(input)만 있을 뿐 아웃풋(output)은 없지만.

그렇게 꾸준히 채워가다가 마지막으로 한 바가지를 들이붓게 되면 찰랑거리던 항아리가 흘러넘치는 순간을 맞이하게 되는데 이때가 아웃풋(output), 즉 독서를 통해 쌓였던 지식이 밖으로 분출되는 순간이다.

그런데 이 순간 항아리에서 흘러넘치는 것은 마지막에 부었던 한 바가지의 물이 아니라, 그동안 꾸준히 쌓아왔던 크고 작은 지식이 대류현상으로 뒤섞여 밖으로 흘러넘치는 것이란다. 기억하든 못 하든 꾸준히 읽었던 게 있었기에 아웃풋이 가능하다는 말이었다.

그렇다면 뒤돌아서면 잊어버렸던 그 일본인의 이름이 다

떠오른다는 말인가? 아니, 이때 아웃풋이 되는 것은 내가 자꾸 까먹는다고 끌탕을 했던 그런 낱낱의 지식이 아니라 씨줄과 날줄로 엮인 지식 위의 지식, 즉 지식을 관통하는 지혜라는 것이 교수님의 설명이었다. 우리가 독서를 하는 것은 개별 지식을 얻으려는 목적도 있지만 그보다는 지혜를 갖기 위한 것으로, 지혜의 눈이 생기면 세상은 예전에 알던 모습이 아니라 새로운 모습으로 보인다고 한다.

독서가 아웃풋 단계에 이르면 우리는 전혀 다른 세상을 보게 될 터이니 지금 당장 이름이 안 외워진다고, 기억에 남지 않는다고 포기하지 말라는 것이 교수님의 설명이자 당부였다.

당시 내가 품었던 고민들과 교수님의 대답은 역사 속에서 숱하게 되풀이되어온 것임을 나는 훗날 알게 되었다. 가장 친근한 예 가운데 하나가 다산 정약용과 황상의 문답일 것이다. 다산 정약용은 귀양살이를 하던 마흔한 살 때 중인인 아전의 아들 들을 가르치며 생계를 유지했는데, 이때 제자 중 한 사람이 황상이었다. 열다섯 살인 황상은 문학과 역사를 배울 때 스승에게 다음과 같이 물었다.

"저는 잘 이해하지 못하고, 머리가 좋지 못하고, 또 어리석습니다. 그래서 어려운 공부를 할 능력이 없습니다."

한마디로 '저같이 머리 나쁜 아이도 공부할 수 있나요?'라고 물은 것. 그러자 정약용은 이렇게 대답했다.

"처음엔 이해하지 못해도 나중에는 알게 되고, 머리가 뛰어나지 않아도 한 번 알게 되면 쉬 소통되고, 어리석어도 꾸준히 하면 된다. 노력하고, 노력하고, 또 노력하면 된다."

그 말은 마치 항아리를 채우고 채우고 채우다 보면 어느 순간 아웃풋을 경험하게 된다는 국문과 교수님의 말과 닮았다.

그렇다면 자신이 아웃풋의 단계에 이르렀는지 알 수 있는 방법은 무엇일까? 우리가 일상에서 경험하는 어떤 느낌과 흡사할까? 예컨대 열심히 일한 뒤 고무장갑을 벗을 때의 홀가분한 느낌이나, 고기 굽느라 연기 속에서 고생하다가 자리를 털고 일어났을 때의 숨이 탁 트이는 느낌, 아니면 전기가 나가서 어둠 속에서 촛불을 켜놓고 있다가 다시 형광등이 들어올 때 시야가 확 열리는 느낌에 비견할 수 있으려나?

그러나 많은 독서가들이 증언하는 아웃풋의 순간은 이보다 더더욱 놀라운 경험이라고 한다. 시골의사 박경철은 자신의 트위터 글에서 아웃풋의 경험을 '러너스 하이(runner's high)'로 표현했다. 러너스 하이란 인간이 뛸 수 있는 육체적 한계 거리인 마의 30킬로미터를 통과할 때쯤 마라토너들이 종종 경험하게 되는 현상으로 이 순간을 만나면 육체적 고통은 사라지고 마치 폭신한 구름 위를 달리는 듯한 경험을 하게 된다고 한다. 박경철은 선사들이 선방에서 느끼는 깨달음도 러너스 하이일 것이라고 말한다. 즉 화두를 들고 정신을 극한으로 이끌면 일종의 부유감 같은 체험을 하게 되는데 이것이 머리끝부터 꼬리뼈까지 찌릿찌릿해지는 독서의 특별한 체험과 같다는 설명이다. 그는 바로 이 순간이 독서 체험의 최고 경지가 아닌가 싶다고 말했다.

대학생활 4년 동안 무려 1만여 권의 책을 읽었다는 일본의 다독가 센다 타쿠야도 『인생에서 가장 소중한 것은 서점에 있다』(에이미팩토리)에서 방대한 양의 책을 읽다보면 그동안 쌓아온 지식이 깨달음으로 바뀌는 순간이 찾아온다고 말했다. 그리고 그 순간은 어제까지 평범했던 사람을 별안간 전혀 다른 존재로 만들어주는데 이 순간은 독서를 하는 누구에게나 반드시 찾아온다면서 이렇게 말했다.

"'하나를 배우면 열을 깨우친다'는 말이 있다. 나는 이것이 오랫동안 쌓아왔던 수백만 개의 지식 위에 단 하나의 지식이 얹어지는 순간, 통섭의 경지에 오르는 것을 일컫는 말이라 생각한다. 하나의 기다란 실로 파편적으로 나열된 사실들을 꿰어내듯, 도처에 흩어져 있던 인과관계와 법칙들이 나의 것으로 자리 잡는다. 무엇을 읽어도 이해가 되고 지금 읽는 것이 과거에 읽은 어느 한 대목과 결합되며 시너지 효과를 낸다. 이것이 바로 '순간'을 경험한 사람의 변모한 모습이다."

센다 타쿠야는 물의 끓는점을 예로 들며 이해를 돕는다. 예컨대 물은 100℃에서 끓어서 증기가 된다. 그런데 만약 1℃가 모자란 99℃에서 불을 껐다면 어떻게 됐을까? 인류는 과연 증기 기관차를 발명할 수 있었을까? 증기 기관차가 달리지 않았다면 인류 역사는 지금과 같았을까? 센다 타쿠야는 이렇게 덧붙인다.

"미세한 차이가 엄청난 차이를 만들어낸다는 것을 반드시 기억해야 한다. 100% 만족이라는 잔에 톡! 하고 한 방울을 떨어트리는 순간, 그것이 101%의 감동으로 진화한다.

이 1%를 위해서 사람들은 일을 하는 것이다. 이 1%가 없으면 모든 일은 빵점이 된다. 이 1%를 위해 압도적으로 많은 책을 읽어야 한다. 이렇게 책을 탐독하다보면 자신은 별다른 이야기를 한 것도 아닌데, 주위 사람들에게 평가를 받는 순간이 찾아온다. 이것이 바로 프로다."

시골의사 박경철의 러너스 하이, 그리고 센다 타쿠야의 1%는 표현은 다르지만 얘기하는 내용은 같다. 이런 독서의 경험은 우리가 일상에서 느낄 수 있는 그 어떤 희열보다 더 큰 감동을 준다는 사실이다. 이 희열감을 느껴본 사람은 평생 책으로부터 벗어날 수 없게 된다는 게 또한 독서가들의 공통된 얘기이다.

나는 그들의 말이 사실임을 과학적인 증거로 설명할 수 있다. 사람이 전율을 느낄 때 그의 뇌 속에서는 아주 강력한 호르몬이 분비되는데 이 감동 호르몬의 이름이 '다이돌핀(didorphin)'이다. 다이돌핀은 근래에 발견된 새로운 호르몬으로 엔돌핀처럼 암을 치료하고 통증을 해소하는 효과가 있다. 그런데 놀라운 점은 그 효과가 엔돌핀보다 4,000배 높다는 사실이다.

다이돌핀은 우리가 감동을 받을 때 생성된다. 예컨대 아름다운 음악 선율에 매료될 때, 드넓게 펼쳐진 웅장한 자연에 압도되었을 때, 주체하기 힘든 사랑에 빠졌을 때, 그때 다이돌핀이 만들어진다. 그리고 독서에 매진하던 어느 날, 하늘이 열리는 듯한 깨달음을 얻었을 때, 무릎을 치며 탄식을 터뜨릴 때, 즉 마지막 한 바가지의 물이 항아리를 흘러넘칠 때도 다이돌핀은 분비된다.

알다시피 다이돌핀은 엔돌핀과 같은 체내 마약이다. 한번 마약을 맛본 사람들은 똑같은 경험을 되풀이하려고 한다. 그래서 책으로부터 못 벗어난다는 말이다.

얘기가 조금 벗어났는데 어쨌든 교수님께 '항아리론'을 듣고 나오던 날 '내게도 과연 그런 순간이 올까?' 하고 생각했다(그때는 교수님께 하산을 명받기 훨씬 전이었다.). 그때가 온다면 과연 언제일까? 알 수 없지만 틀림없이 찾아온다면 그 순간이 가급적 빨리 오기를 바랐다. 끈기 없는 나로서는 언제 어떻게 책 읽기를 포기할지 몰랐기 때문이다. 나 같은 사람들은 끈기는 없는 반면 고집은 염소고집이라서 한 번 고개를 돌린 것은 두 번 다시 쳐다보지 않는다. 그런 나이기에 독서의 참맛, 즉 배움이 주는 독서의 즐거움을 느껴보고 싶었다. 그러면 책과는 절대 멀어질 일이 없다고 생각했기 때문이다.

읽는 즐거움에서 배우는 즐거움으로 갈아타다

고양이 빌딩으로 유명한 다치바나 다카시도 읽는 독서에서 배우는 독서로 옮겨가는 과정을 거쳤다. 그는 대학 때 읽은 책의 80%가 소설이었다고 한다. 그러다 문예춘추에 입사했고, 당시 상사가 소설만 읽으면 안 된다고 충고를 해서 그 이후 소설 읽기를 그만두고 논픽션을 읽기 시작했다. 그 후 그는 큰 깨달음을 얻게 되었다.

"학창시절에 문학, 철학, 사회과학 관련 서적은 많이 읽었습니다만, 소위 논픽션 관련 서적은 거의 읽지 않았습니다. 이런 지식의 불균형을 회사에 들어가자마자 선배 사원에게 지적받고 나서 곰곰이 생각해 보니, 과연 그 말이 틀리지 않아 우선 논픽션 관련 서적 가운데 가장 재미있어 보이는 것부터(지의 거장도 시작은 '재미있는 것'이었다.) 구입해 하나하나 읽기 시작하였습니다. 학창 시절에는 논픽션 관련 서적을 완전히 무시하였습니다. 요컨대 전통적인 대학 교양인으로서 읽어볼 만한 책 이외의 것은 모두 쓸모없다는 의식이 젊은 시절 내 머리 속에 강하게 자리 잡고 있었던 것입니다. 그러나 이런 저런 이유로 논픽션 서적을 읽어보니 그 나름대로 매우 재미있다는 것을 알게 되었습니다.

그래서 월급의 대부분을 책 사는 데 쓰면서, 학창 시절에 문학 서적이나 교양서적을 열심히 읽었던 것처럼 엄청난 양의 논픽션 서적을 탐독하였습니다. 이처럼 논픽션 서적을 탐독하면서 문학가의 상상력이라는 것이 살아 있는 현실과 비교할 때 얼마나 빈약한 것인지를 알게 되었고, 학창 시절에 왜 그렇게 쓸데없는 책을 읽는 데 열중하였는지 도리어 의문을 갖게 되었습니다."

(나는 이런 책을 읽어왔다, 다치바나 다카시, 청어람미디어, 43~44쪽)

대학에 입학할 때까지 책에는 관심조차 없던 나는, 독서 스승인 국문과 교수님 덕분에 1년 동안 꾸준히 소설을 읽었고, 책 읽는 재미에 푹 빠졌다. 그리고 나의 독서생활도 읽는 즐거움에서 배우는 즐거움으로 변모하기 시작했는데, 일본 여행이 계기가 되었다.

대학 들어간 후 처음 맞는 겨울 방학의 어느 날, 절친한 동아리 선배로부터 전화가 왔다. 선배는 다짜고짜 이렇게 말했다. "너, 나랑 일본 가지 않을래?"

사연인즉 대기업의 이사로 있는 아버지가 자신을 신입사원 연수에 깍두기로 붙여주었다는 것이다. 혼자 가면 심심하니 같이 가자는 말이었다. 출발은 한 달 후, 거부할 이유는 전혀 없었다. 그날 하루는 난생처음 일본에 가게 된 감격으로 구름 위를 걷는 듯 보냈고, 이틀째부터는 일본을 제대로 알아야 일본 여행을 만끽할 것 같다는 생각에 서점을 찾았다.

1991년 당시는 일본 관련 서적이 그리 많지 않던 시기였다. 일본은 말 그대로 '가깝고도 먼 나라'였다(일본에 대한 대중적 관심이 쏟아진 계기는 1993년 전여옥이 쓴, 하지만 최근 표절로 밝혀진 『일본은 없다』인데, 본격적인 대중화의 시작은 1997년 이규형이 쓴 일련의 일본어 학습서와 일본 대중문화서들이 나오면서부터였다.). 그래도 몇 권의 책이 서점에서 판매되고 있었는데, 그중 지금까지 기억에 남는 책이 루스 베네딕트의『국화와 칼』이었다.

원래 목적대로라면 잘못 산 책이었다. 대중적인 눈높이에 맞게 일본과 일본인을 소개한 책을 읽고 싶었는데, 이 책은 일종의 연구서였다. 하지만 잘못 산 책이 결국 '사서 읽기를 잘한 책'이 되었다. 이 책을 읽고 난 후 일본과 일본인을 더욱 알고 싶어졌기 때문이다. 그래서 나는 소설을 내려놓고, 일본과 관련된 책을 읽기 시작했다.

내가『국화와 칼』에 반하게 된 이유는 영화 같은 이 책의 집필 동기 때문이었다. 제2차 세계대전이 막바지이던 1944년 6월 미국의 문화인류학자인 루스 베네딕트는 미국 국무부로부터 '평균적인 일본인의 행동과 사고의 패턴'을 연구해 달라는 위탁을 받는다. 한마디로 '일본은 이해가 안 돼. 그들이 왜 이렇게 행동하는지 설명해줘.'였다. 진주만 폭격에서 시작된 일본과의 대립은 2차 세계대전 내내 미국을 괴롭혔다. '도대체 어떻게 생겨먹은 민족이길래 감히 우리에게 쳐들어 온 거지? 게다가 카미카제(神風)라는 자살특공대는 또 뭔가?' 이 골치 아픈 나라를 꺾기 위해서는 단순히 화력으로 밀어붙일 것이 아니라 그들의 정신세계부터 알 필요가 있었다.

그래서 부리나케 루스 베네딕트를 부른 것이다. 그런데 더 재미있는 것은 루스 베네딕트에게도 일본은 생경한 나라였다. 게다가 당시는 전쟁 중이라 일본 방문은 언감생심이었다. 궁여지책으로 그녀는 미국에서 찾을 수 있는 일본 관련 연구서와 2차 문헌을 죄다 읽고, 소설과 같은 문학적 자료들과 전시 선전용 영화까지 섭렵했고, 미국에 거주하는 일본인들을 인터뷰하여 『국화와 칼』을 집필했다. 이것이 삶의 아이러니일지 모른다. 일본 땅을 한 번도 밟아본 적이 없는 베네딕트의 저작물은 지금까지 일본과 일본인을 가장 객관적으로 해부했다는 평가를 받고 있다. 나는 이 점이 무척이나 매력적으로 느껴졌다.

이 책에서 가장 관심을 두고 읽은 부분은 일본인의 두 마음, 즉 진심을 뜻하는 혼네(本音)와 겉치레를 뜻하는 다테마에(建前)였다. 속마음과 겉마음이 다른 거야 다른 나라 사람들도 마찬가지겠지마는 일본인들은 그 양상이 매우 뚜렷하다는 것이 저자의 평가였다. 아울러 일본인이 이러한 이중성을 띠기 때문에 일본 문화 역시 극단적인 성향이 짙은데, 바로 책 제목과 같이 '국화와 칼' 같다는 것이다. 일본인은 한편으로 아름다움을 사랑하고 예술가를 존경하며 국화 가꾸기에 신비한 능력을 지닌 동시에, 한편으로는 칼을 숭배하고 무사에게 최고의 영예를 돌리는 민족이라는 것이다.

그런데 이 대목을 읽으며 나는 정말 일본인이 두 가지 마음을 갖고 있는지 궁금했다. 왜냐하면 어린 시절 내가 만난 일본인 한 사람이 떠올랐기 때문이다.

3

관심사를 따라 책을 읽어라

초등학교 4학년 시절 나는 종로구 창덕궁 옆 와룡동에 살았다. 1979년 당시 창덕궁은 비원이라고 불리며 외국 관광객에게만 공개되었다. 하지만 동네 아이들은 개구멍을 통해 창덕궁 잔디밭으로 들어가서 몰래 야구를 즐기곤 했다.

별 좋은 5월의 어느 날, 여느 날처럼 동네 아이들과 야구공으로 놀고 있었다. 그런데 이런 곳에서 놀고 있는 우리가 신기했든지 한 무리의 관광객들이 우리의 모습을 사진기에 담았다. 잠시 뒤

가이드로 보이는 누나가 우리를 부르더니 관광객들과 함께 사진을 찍자고 했다. 찍은 사진을 집으로 보내준다는 말에 주소를 한글로 적어주고 사진 두어 방을 찍었다. 그때 어느 일본 아저씨가 가이드를 통해 1,000원을 주며 맛있는 것을 사먹으라고 했다. 브라보콘이 100원 정도 할 때였으니 1,000원이면 꽤 큰돈이었다.

하지만 나는 그 돈보다는 그 일본인 아저씨가 돈을 꺼내던 모습이 오랫동안 기억에 남았다. 우리 아버지는 담배나 술심부름을 시킬 때면 항상 주머니에서 꼬깃꼬깃한 지폐를 꺼내 줬는데, 그 일본 아저씨는 우리 엄마 핸드백 크기만 한 새카만 장지갑에서 빳빳한 지폐를 꺼냈다(지갑은 꽤 고급스러웠고, 그 속에는 지폐가 그득했던 기억이 아직 생생하다.). 나는 그 모습을 보면서 '우리 아빠는 왜 저런 멋진 지갑이 없을까?' 생각했다. 그 후 몇 번인가 아버지에게 왜 지갑이 없는지, 왜 아빠 돈은 깨끗하지 않은지 물었고 예의 대답 대신 꿀밤을 맞거나 걷어차였다.

이런 것이 각인인가 보다. 그 후 나는 어른들이 돈을 꺼낼 때마다 지갑을 살폈고, 돈을 살폈다. 이 습관은 나중에 부자에 대한 관심으로 이어졌다.

여기서 잠깐 짚고 넘어갈 것이 있다. '배움의 독서'에서 중요한 것은 자기 관심사를 아는 일이다. 관심사가 없다면 아무 책이

나 덥석 읽게 되는데, 생각해 보라! 1년에 출간되는 책의 종수가 3~4만 종이다. 하루에 1권씩 읽는다고 해도 3만 권을 읽으려면 100년이 걸린다. 닥치는 대로 읽겠다는 생각은 매우 위험한 발상이다. 당연히 자기 관심사를 중심으로 독서 계획을 세우는 것이 좋고, 그렇게 할 때 배움의 독서는 급물살을 타게 된다.

어쨌든 그 일이 있고 20여 일 지났을 무렵 일본에서 소포가 왔다. 소포를 열어보니 함께 찍은 사진 몇 장(아이들의 머리수만큼 사진을 뽑아 보냈다.)과 고급스러운 야구 글러브 하나, 그리고 편지가 한 통 있었다. 누구에게 시켰는지 모르지만 정갈한 한글로 정성스럽게 쓴 편지에는 추억을 남길 수 있어서 고마웠고, 내가 짝이 맞지 않는 글러브로 야구경기를 하는 모습이 안쓰러웠다며 새 글러브를 잘 쓰라는 내용이 적혀 있었다(나는 왼손잡이였다.). 일본 아저씨의 이름은 고바야시였다.

나는 『국화와 칼』을 읽다가 10여년 만에 고바야시 아저씨를 다시 떠올렸다. 그때 내게 베푼 그의 호의는 과연 '다테마에'였는지, '혼네'였는지 궁금했다. 그리고 나는 일본이라는 나라와 일본 사람이 더욱 궁금해졌다.

그때의 일본 여행은 아쉽게도 불발되고 말았다. 나는 군미필자였고, 그래서 여권이 발급되지 않았다(1991년 당시만 하더라도 군미

필자는 외국에 갈 수 없었고, 군필자라 하더라도 병무청에 신고해야 출국이 가능했다.). 하지만 이 일을 계기로 나는 새로운 세상을 만났다. 더 이상 소설 속의 허구가 아닌, 내가 사는 현실의 진짜 이야기에 대하여 관심을 갖게 되었다.

나는 일본 탐구에 이어 상인(商人) 탐구를 시작했다. 세계 5대 상인으로 알려진 일본 상인, 그 중에서도 오사카 상인에 대한 책을 읽기 시작했다. 그러면서 자연스럽게 일본의 부자에 대해서도 관심을 가졌다. 오래 전부터 상업이 발달했던 일본은 부자학이라는 학문이 있을 만큼 부자에 대한 관심이 깊었다. 반면 우리나라는 외환위기 이전까지 '부자'라는 단어를 입 밖에 꺼내는 것조차 터부시했다. '돈이 좋다'고 말하면 속물 취급을 했고, '나는 부자다'라고 말하면 온갖 불법과 탈세 등 부정한 방법으로 돈을 긁어모은 사람 혹은 부동산 투기꾼이나 복부인을 떠올렸다(1997년의 IMF 외환위기는 한국인의 '부자와 돈'에 대한 생각을 180도 바꿔놓았다. 선비의 정신이었던 안빈낙도(安貧樂道)는 무책임하고 무능력한 사람을 가리키는 말로 바뀌었고, 국민은행 광고에서는 '부자 되세요'라는 인사말이 등장했다.). 그랬기에 책을 통해 만나는 일본인의 모습들, 즉 상인을 존중하고 부자를 존경하며 누구나 부자가 되기 위해 노력하는 일본인들의 진지한 모습은 나에게 신선한 충격이었다. 그 후 나는 일본 부자에 대한 책을 집중적으로 찾아 읽었다. 그러면서 알게 된 사실인데 부자들은 거의 대부분 장지갑을 사용한다고 한다. 장지갑에 넣어둔 빳빳한 지폐들은 돈을 소중히 여기는 부자들의 상징이자 부적이었다.

어쨌든 '부자'에 대한 나의 관심사와 궁금증은 내가 책을 고르거나 책을 읽으면서 쌓게 되는 지식의 중요한 기준이 되었다. 부자들의 습관을 언급한 내용이 나올 때는 나도 모르게 주의 깊게 읽게 되었는데 실제로도 많은 부자들이 돈을 소중하게 다루고 있었다.

세계적인 부자 워런 버핏도 그랬다. 한번은 그가 우리나라를 방문했을 때였다. 어느 기자가 물었다.

"현재 당신의 지갑에는 얼마나 있습니까?"

세계 최고 부자의 지갑 속이 궁금한 건 나뿐이 아닌 모양이었다. 어쨌든 워런 버핏은 여유 있는 미소를 던지며 지갑을 꺼내 현금을 세었다. 600달러 남짓이었다. 혹자들은 매일 햄버거와 체리코크를 즐기는 그에게는 턱없이 많은 돈이라고 농담을 던졌지만, 나는 그가 얼마나 들고 다니는지보다는 커다란 장지갑에 잘 정리된 지폐들에 주목했다.

한번은 TV에 재일교포 이종격투기 선수인 추성훈이 나왔는데 일본에서 생활할 때 그는 여성의 핸드백만큼 큰 지갑, 그것도 모자라 블링블링 빛나는 은백색 색상에 샤넬 핸드백 스타일의 격자로 스티치가 된 지갑을 가지고 다녔다. 왜 이렇게 화려한 지갑을 갖고 다니느냐고 PD가 묻자 그는 "보기 좋잖아요." 하며 아무렇지 않게 대답했다.

더 압권은 지갑 속이었다. 지폐를 넣는 반대쪽에는 지폐 다발을 묶는 종이끈 한 묶음이 들어 있었다. PD가 무슨 용도냐고 묻자 그는 이렇게 말했다.

"이 종이끈들은 내가 지금껏 벌었던 돈의 액수를 말해줍니다. 치고받고 싸움하면서 이만큼을 번 거죠. 더 많은 돈을 벌기 위해서 종이끈들을 부적처럼 항상 가지고 다닙니다. 돈을 많이 번다는 것은 계속 이기는 거잖아요."

나는 지금껏 비즈니스를 하면서 많은 부자들을 만났다. 창업 관련 사업과 부동산업에 종사하면서 만난 사람들 중에는 상상을 초월하는 부자들도 꽤 많았다. 직업, 성격, 스타일은 제각각이지만 그들의 공통점은 돈이 많다는 것과 한결같이 고급스럽고 깔끔한 장지갑을 사용하고 있다는 점이다. 그리고 부자들이 지폐를 지갑에 넣을 때 두 가지 인상적인 부분이 있는데, 우선 지폐들을 모두 앞쪽에 넣어둔다는 점이고, 다음은 헌 돈일망정 모서리를 일일이 잘 펴서 넣는다는 점이다.

부자들이 자주 하는 농담 중에 낭중무일전 장부무안색(囊中無一錢 丈夫無顔色)이라는 말이 있다. 풀어보면 '호주머니에 돈 한 푼 없으면 사내가 낯이 안 선다.' 정도 될 것이다. 주머니가 홀쭉하면 괜히 궁상맞게 되고, 주머니가 두둑하면 안 먹어도 배부른 게 사람 심리다. 돈이라는 것은 단지 교환수단만이 아니라 이를 소유한 사람의 정신에도 막대한 영향을 미친다.

부자들이 장지갑을 쓰는 이유도 바로 여기에 있다. 옛날 동화나 만화영화에 등장하는 자린고비나 구두쇠 영감을 보면 장사를 하고 돌아와 돈을 일일이 다리미로 폈다고 하는데 이는 결코 없는 말을 지어낸 것이 아니다. 부자들은 돈도 많지만, 돈을 아끼고 사랑한다. 어쩌면 그들이 돈을 아끼고 사랑하기에 보통 사람보다 돈이 많은지도 모른다.

'부자들의 습관'은 사실 많은 사람들의 관심사였다. 더구나 '장지갑'과 관련된 책이 있다는 사실을 알고는 '나와 비슷한 사람이 있네.' 하는 생각도 들었다.

학창 시절 중소기업을 경영하던 아버지의 회사가 도산하는 바람에 한때 노숙자 생활을 했고, 우울증에 걸렸다가 10년이라는 긴 세월 동안 공부에 매달려 세무사가 된 사람이 있다. 『부자들은 왜 장지갑을 쓸까』(21세기북스)라는 책을 쓴 카메다 준이치로다. 그는

'지갑은 인생을 바꾸는 최고의 도구'라며 그 이유에 대해 다음과 같이 밝혔다.

"돈을 소중하게 여기는 사람은 대부분 돈의 입장을 이해하고 돈의 마음을 잘 알고 있습니다. 어떤 대접을 받아야 돈이 기뻐할지를 항상 생각하고 있습니다. 제가 접이식 지갑을 사용하던 시절, 지갑과 돈에 늘 세심하게 신경을 쓰는 경영자가 이렇게 말한 적이 있습니다. '그런 지갑을 사용하면 돈이 들어오지 않을 거요. 지갑의 기본은 장지갑이지. 접이식 지갑을 쓰면 그 안에 든 돈이 가엾지 않소?'
당시에는 돈을 단순한 물건으로만 여겼기 때문에 그 말이 전혀 가슴에 와 닿지 않았습니다. 하지만 실제로 장지갑을 쓰고 있는 지금은 그 말을 이해할 수 있습니다. 장지갑은 애초에 돈, 특히 지폐를 편하게 넣기 위한 형태로 만들어졌습니다.
장지갑은 빳빳한 새 지폐를 넣었을 때 그 모양을 그대로 유지할 수 있게 해줍니다. 쓸데없이 접을 필요가 없습니다. 또한 접이식 지갑의 경우 남성들은 바지 뒷주머니에 넣고 다닐 때가 많은데, 장지갑은 뒷주머니에 넣으면 앉기 불편합니다. 따라서 돈이 엉덩이에 깔리는 일이 별로 없습니다."

(부자들은 왜 장지갑을 쓸까, 카메다 준이치로, 21세기북스)

한편 저자는 본문에서 '연봉 200배의 법칙'을 주장하면서 가급적이면 비싼 지갑을 사용하라고 말한다. 연봉 200배의 법칙이란 지갑 가격의 200배만큼 연봉을 더 받는다는 것이다. 미신 같은 이 이야기에 대해 저자는 고급 장지갑을 가져본 사람은 이해할 것이라 말한다. 고급 지갑을 손에 넣는 순간 지갑 주인의 '의식'이 미래를 향하게 되고 지금까지 갖지 못했던 강력한 의지로 인생을 살게 된다는 것이다. 그래서 그 의지에 어울리는 행동을 하게 되어 결국 그만큼 수입이 늘어난다는 설명이다. 카메다 준이치로의 이런 설명에서 보자면 어린 시절 만났던 고바야시 아저씨는 틀림없이 부자였을 것이다.

자자, 어쨌든…… 고바야시 아저씨가 부자였는지 아닌지 아마도 여러분은 관심이 없을지 모르겠다. 그건 나의 경험이었고, 나의 관심사였기 때문이다. 다만 내가 하고 싶은 말은 이거다. 배움의 독서에서 중요한 것은 당신의 관심사가 무엇인지 스스로 알아야 한다는 점이다. 당신의 관심사를 알게 되면 당신이 무엇을 배워야 하는지 어떤 책을 읽어야 하는지도 자연스럽게 알게 된다. 내가 알고 싶은 것, 내가 흥미롭게 여기는 것을 발견하고 그 방면의 책을 읽어보자. 나는 자연스럽게 마쓰시타 고노스케와 이나모리 가즈오, 손정의와 리자청 등 존경받는 CEO와 부자 이야기를 즐겨 읽었다. 그렇게 관심사를 조금씩 넓히다 보니 나중에는 자연스레 경제경영 분야 전체로 관심이 확대되었다. 이렇게 된 것도 결국은 최초의 나의 관심사가 이끄는 대로 잘 따라갔기 때문이라고 나는 생각한다.

마쓰시타 고노스케를 만난 건 군 제대 후 2학년으로 복학한 어느 날이었다. 그날 나는 선배들과 술자리를 갖고 있었다. 맞은편에 앉아 있던 조교 선배(現 강원대 부동산학과 장희순 교수)가 "너, 책 좋아한다며? 이 책 읽고 2주 후에 레포트를 제출하도록." 하며 책을 한 권 건네줬다.

플라스틱 스프링으로 제본된 한 묶음의 책으로 맨 앞장에는 신국토창성론(新國土創成論)이라고 적혀 있었다. 대선배인 그에게 '누가 쓴, 무슨 책이냐?'고 물을 수 없었다. 그저 2주 동안 수차례 되풀이해서 읽었다.

신국토창성론(新國土創成論)의 내용인즉 이렇다. 1972년 현재, 일본의 늘어가는 인구와 낮은 식량자급률로 인해 다양한 문제들이 발생하고 있고, 그로 인해 파생되는 주택 부족, 식량 부족, 환경오염 등의 사회문제가 늘고 있다. 이를 해결하기 위한 대안적인 방안으로 새로운 국토를 만들자는 내용이었다. 예컨대 현재 30%

에 그치고 있는 국토 이용면적을 50%까지 확대하되 산지의 20%를 깎아 평지를 만들고 그 남은 토사를 가지고 바다를 메워 홍콩과 같은 자유무역도시를 만들자는 내용이었다. 한마디로 '국토 창성'은 일본의 국토 전체를 근본적으로 개발하여 일본이 처한 사회 문제를 해결하자는 '일본열도개조론(日本列島改造論)'이었다.

2주 후 학과 사무실에 찾아가 서너 장 남짓의 레포트를 제출했다. 레포트를 모두 읽은 선배가 내게 물었다.

"너, 이거 쓴 사람이 누군지 아니?"

"네, 마쓰시타 고노스케요."

"그 사람이 뭐하는 사람인지 아니?"

"총리 아니에요? 아니면 정치인인가?"

그러자 선배는 한참을 웃더니 내게 이렇게 말했다.

"내가 너한테 이 책을 준 이유가 바로 그거야. 어쩌면 마쓰시타 고노스케는 정치인이라야 자연스러워. 이런 엄청난 계획을 내놓을 사람은 그런 사람들이 하는 일이니까. 하지만 말이다. 마쓰시타 고노스케는 정치인이 아니란다. 그 사람은 기업가야. 우리가 '사장님, 회장님' 하고 부르는 기업가란 말이야."

그 말을 듣고 나는 내 귀를 의심했다. 선배가 나를 놀리는 줄 알았다. 차마 되묻지는 못하고 멍하니 쳐다보고 있자 선배는 말을 이었다.

"일본이 우리나라보다 잘 사는 이유 중 하나는 마쓰시타 고노스케와 같은 기업가들이 있기 때문이야. 우리가 일반적으로 생각하는 기업가는 장사꾼이야. 그런데 한낱 장사꾼이 이런 엄청난 계획을 세웠다면 너는 믿겨지니? 이뿐이 아니야. 마쓰시타 고노스케는 1979년에 마쓰시타 정경숙(政経塾)이라는 일종의 엘리트 양성소를 만들어서 수많은 정재계 인재들을 키우고 있어. 게다가 후배 경영자들을 위해 자신이 파나소닉을 경영하면서 배우고 느꼈던 모든 경험과 지혜를 수십 권의 책으로 남겼단다. 그래서 그는 일본에서는 '경영의 신'으로 불린대. 놀랍지 않니?"

나는 꿀 먹은 벙어리마냥 한마디도 하지 못했다. 일생동안 '기업가'라는 단어에 대해 한 번도 깊이 생각해본 적이 없던 내게 마쓰시타 고노스케는 사람이 아닌 큰 산처럼 느껴졌다. 그가 어떻게 생겼는지 보고 싶었고, 도대체 어떤 사람인지 자세히 알고 싶었다. 다음 날 나는 서점으로 달려가 마쓰시타 고노스케의 책을 모조리 찾아서 적었다. 그리고 한 권의 책값이 모이는 족족 그의 책을 사서 읽었다.

나는 마쓰시타 고노스케를 통해 처음으로 '기업가'를 알았다. 그리고 비즈니스, 즉 장사와 사업이 돈을 벌기 위한 일일뿐더러

'사회에 봉사하는 일'이라는 사실을 배웠다. 그의 책을 한 권씩 읽어가면서 기업을 경영한다는 것이 얼마나 중요한 일인지 배웠고, 비즈니스 세계가 총성 없는 전장과 다름없다는 사실도 깨닫게 되었다.

마쓰시타 고노스케의 모든 책을 읽고 난 후 나는 그가 바라보는 방식으로 세상을 보게 되었다. 그의 책에 적힌 그때의 일본과 내가 바라본 오늘의 한국은 엄연히 달랐다. 하지만 비즈니스를 위해 무엇을 해야 하고 하지 말아야 하는지 알 것 같았다.

산 넘어 산이라 했던가? 그 후 나는 일본에는 경영의 신이 몇 명 더 있다는 사실을 알았다. 혼다 그룹의 창업자 혼다 소이치로와 교세라 그룹의 창업자 이나모리 가즈오가 그들이었다. 그들이 쓴 자서전과 평전을 뒤져 읽으며 나는 '지금까지 헛살았다'는 생각을 했다. 11살에 주식 투자를 시작한 워런 버핏은 '나는 11년을 헛살았다.'고 말했다. 나 역시 마찬가지였다. 20년 동안 나는 헛산 게 분명했다. 이런 사람들이 있다는 사실을 모르고 살았으니 말이다.

4

지식의 저주에서 벗어나고 싶지 않은가?

칩 히스와 댄 히스 형제가 쓴 베스트셀러 『스틱!(made to stick!)』 중에 '지식의 저주'라는 말이 등장한다. 지식의 저주란 말하는 사람이 '설마 이 정도는 알고 있겠지'라고 생각하고 말하지만 사실 듣는 사람들은 모르고 있기 때문에 제아무리 열변을 토해도 고개만 끄덕거릴 뿐 머리에는 쏙쏙 들어오지 않는 상태를 말한다. 예를 들어 나보다 경력이 많은 팀장이나 선배가 자기에게 익숙한 개념이나 내용에 대해 뭐라고 열심히 떠드는데 나는 그 말이 무슨 뜻인지 모를 때, 그때가 바로 선배가 '지식의 저주'를 퍼붓고 있는 것이다. 이럴 때면 예의 그들이 하는 말은 "어휴, 넌 이것도 몰라?"이다.

내가 본격적으로 경제경영서를 읽기 시작한 이유도 지식의 저주로부터 벗어나고 싶어서였다. 대학 2학년이던 1995년 어느 봄날 나는 학회실에서 경제신문을 처음 만났다. 당시 경제신문의 구독료는 월 5,000원 정도였는데 대학생은 반값에 구독할 수 있다는 안내 전단과 함께 탁자에 놓여 있었다. '경제신문은 뭐가 다를까' 하고 호기심에 들춰 봤다가 첫 장부터 이해할 수 없는 단어와 내용으로 가득 차 있는 것을 보고 나는 깜짝 놀랐다. '이게 도대체 어느 나라 신문인 거야?' 하며 어리둥절해하는 나를 옆에서 지켜보던 졸업반 호영이 형이 혀를 차며 이렇게 말했다.

"너, 경제신문 처음 보지? 얌마, 복학생 되면 이 정도는 봐줘야 해. 안 그럼 사회 나가서 남들 하는 이야기 귀동냥도 못하고 늙을 때까지 개고생한다."

이전까지만 해도 나는 순진하게 시간이 모든 걸 해결해주리라 믿으며 살았다. 아직 IMF 외환위기 전이라 졸업하기만 하면 취업도 비교적 쉬웠고, 특히 내가 전공한 부동산학과는 학과장 추천서를 통한 특채가 많아서 취업에는 크게 신경 쓰지 않았다. 대학을 졸업하면 자연스레 취업을 할 테고, 주임이 되고 대리가 돼서 몇 년 후 과장을 달면 그만큼 내 앎의 지평도 자연스럽게 넓어질 거라고 생각했다.

하지만 비즈니스맨으로 정착하기 위해서는 기초적인 경제관념을 갖추어야 한다는 사실을 나는 그날 깨달았다. 아울러 내 관심사나 일에만 푹 파묻혀 사는 것에서 벗어나 다른 사람의 생각을 폭넓게 이해하는 것이 중요하다는 사실과 함께, 비전이나 핵심가치 같은 보다 상위의 개념이나 생각들을 흡수하기 위해서는 따로 공부를 해서 귀를 틔워야 한다는 사실도 선배를 통해 알게 되었다.

그 후 나는 학생회실로 배달되는 경제신문 두 개를 비롯해 일간지 네 개를 매일 읽었다(그 습관은 지금껏 변함이 없다. 신문은 종이신문이 최고다.). 그리고 모르는 부분은 선배들에게 묻고, 중요하다고 여겨지는 부분은 따로 오려두어 노트에 스크랩했다. 스크랩을 막 시작할 때는 오려붙이는 일만 1시간 정도 걸렸다. 그도 그럴 것이 모르는 것이 너무 많아 모두가 중요해 보였기 때문이었다. 하지만 한 곳에 모아두고 이해될 때까지 읽으리라 마음먹고 신문잉크로 손이 새카매지도록 오리고 풀로 붙이기를 되풀이했다. 기사를 한 곳에 모으다 보니 체계가 잡히는 것 같아 뿌듯한 마음도 들었다(꾸준히 스크랩을 하려면 이 정도의 자아도취는 필수다.).

스크랩을 한 지 1년 뒤부터는 경제경영서를 본격적으로 읽기 시작했다. 기사를 꾸준히 읽다 보니 신문이 주는 정보만으로는 시야의 한계를 느꼈기 때문이다. 전문가의 보다 깊은 인사이트가 필요했다. 특히 기사에서 언급되는 저자와 책들을 만나면서부터 '이 책, 읽고 싶다'는 욕구가 점점 강해졌다.

나는 지금도 종이신문을 읽는다. 책도 종이책이 더 잘 읽히는 것처럼 신문도 종이로 읽어야 읽는 맛이 난다. 요즘도 읽다가 중요한 부분은 따로 모아두었다가 시간 날 때 읽는다. 대학시절과 차이가 있다면 요즘은 종이신문을 스크랩하는 대신 온라인에서 기사를 검색해서 내용을 따로 복사해 두거나, 종이신문을 사진으로 찍어 에버노트와 같은 메모 어플리케이션에 저장한다.

모든 지혜의 원천은 신문 기사에서 시작된다고 나는 믿는다. 보다 세상을 폭넓게 알고 싶다면 신문을 되도록 여러 개 읽어야 한다. 『매일경제』, 『한국경제』 등 경제신문 두 개는 기본이고, 발행되는 일간지는 많이 읽을수록 좋다. 신문을 하나라도 제대로 읽는 것이 1시간짜리 TV 뉴스를 보는 것보다 훨씬 낫다(뉴스앵커들도 방송 전에 신문들을 먼저 살핀다.).

'온라인에 뜨는 뉴스 기사는 공짜인데, 굳이 매월 구독료를 주고 종이신문을 읽을 필요 있나?' 하고 생각하는 독자가 있을지 모르겠다. 온라인 뉴스는 공짜인데다 실시간으로 뜨니 얼마나 좋은가. 하지만 그럼에도 불구하고 내가 종이신문을 추천하는 이유는 신문 보는 시간을 습관으로 만들 수 있기 때문이다. 사실 신문은 재미보다는 공부하는 의미가 더 크다. 인터넷으로 신문 보면 눈길을 끄는 낚시 기사들이 얼마나 많은가. 반면 종이신문은 달리 클릭할 것도 없고, 난삽한 광고도 없으니 죽으나 사나 다 읽어야 끝나게 된다. 어쨌든 공부가 된다는 말이다. 세상을 만들어나가는 사람들 대부분은 아직도 이른 아침 종이신문을 읽으며 하루를 시작한다는 사실을 잊지 말자.

신문 예찬

저는 블로그를 시작한 지 벌써 10년째가 되었습니다. 오랫동안 블로그에서 책 리뷰를 쓴 덕분에 꽤 알려져서 2010년에는 『질문을 던져라 책이 답한다』(교보문고)라는 책도 출간하게 되었죠. 이 모든 것을 '신문' 덕분으로 돌리고 싶습니다. 그렇습니다. 저는 지금까지 20년 넘게 종이신문을 고집하는 열혈 신문구독자입니다.

1995년 군복무를 마치고 대학을 복학한 후 제가 가장 먼저 한 것은 신문 스크랩이었습니다. 제대 후 세상물정을 몰라도 너무나 모르는 제 현실이 안타까워 전공 교수님께 고민을 털어놨더니 '관심이 가는 주제별로 매일 신문을 스크랩하라'고 말씀하시더군요. 세상을 제대로 알려면 일간지와 경제신문 각 두 가지씩은 읽어야 한다는 직장인 선배의 충고도 한몫을 했습니다. 그 후 직장 4년차가 될 때까지 거의 매일 신문을 스크랩했습니다. 4대 일간지와 2개의 경제지를 포함해 나중에는 주간지까지…… 늦은 오후 귀가할 때 학과를 돌며 다양한 종류의 신문을 모았습니다. 저녁식사를 마치면 가져온 신문을 모두 읽고, 마음이 끌리는 기사를 가위로 오리고 딱풀을 발라 15개의 스프링 달린 연습장에 주제별로 스크랩했습니다.

스크랩하는 기준은 딱 한 가지, "끌리는 내용, 모두 스크랩하자." 입니다. 스크랩 첫 달에는 정말 힘이 들더군요. 아는 게 전혀 없다 보니 모든 기사를 스크랩해야 했습니다. 몇 달 동안은 신문기사를 읽고 스크랩하는 데 하루 두세 시간을 바친 것 같습니다. 너무나 힘들고 귀찮아서 도중에 포기할까 싶은 적도 수차례 있었지만, 포기하지 않았습니다. "6개월 동안 스크랩한 내용을 나에게 보여야 한다."는 교수님과의 약속 때문이었죠.

스크랩 시작 후 석 달이 지날 무렵부터 놀라운 일이 생겼습니다. 스크랩을 하는 기사들이 점점 줄더니 절반이 되어버린 겁니다. '어제는 별 일이 없었나?' 하는 생각이 들 정도였죠. 하지만 곧 깨달았습니다. 100일 넘게 신문을 읽고 스크랩을 하면서 '세상의 모든 일'을 조금씩 알아가기 시작했다는 것을. 그렇게 한 권 한 권 스크랩한 것이 처음 2년 동안 모두 150여 권이나 되었습니다.

신문 스크랩의 위력은 놀랍습니다. 우선 매일 5~6개의 신문을 한꺼번에 스크랩하니 매일 '나만의 신문'을 만들게 됩니다. 그 신문은 두 번 다시 읽을 필요는 없습니다. 매일 신문을 읽고 기사를 오려 스크랩을 하면서 자연스럽게 두세 번 읽은 셈이 되기 때문입니다. 나중에 기억이 어렴풋하면 스크랩북을 뒤져서 금방 찾을 수 있습니다.

제가 대학을 졸업한 해에 IMF가 터져 기업에 취업하는 대신 창업을 했는데, 창업 아이템을 고민할 때도 신문 스크랩북이 한몫을 톡톡히 했습니다. 사업을 할 때도 신문 스크랩은 빼놓을 수 없는 일과 중 하나였죠. 오전에 30분 정도 일찍 출근해서 5~6개의 신문을 대충 훑어보고 관심이 가는 기사가 있는 지면은 따로 찢어 두었다가 20~30장 되면 스테이플로 찍어서 한 권으로 만들어 외근 중에 읽었습니다.

이 정도 되면 TV 뉴스를 따로 볼 필요가 없습니다. 사람을 만나 대화를 할 때도 어느 주제가 되었든 막힘이 없기에 대인관계에 두려움이 없어지고, 사람을 만나는 일이 즐거워집니다. 성공하는 비즈니스 리더들이 매일 아침 눈을 떠서 가장 먼저 하는 일이 신문 읽기라죠? 그 이유가 바로 이 때문일 겁니다.

제가 블로그를 시작하게 된 이유는 신문을 스크랩하기 위해서였습니다. 2003년 10월 에스콰이어라는 남성잡지에서 "지금 미국에서 블로그(blog)가 뜬다"는 기사를 읽고, 그 날 저녁 블로그를 만들어 '온라인 스크랩북'으로 활용했습니다. 블로그에 주제별로 수십 개의 카테고리를 만들어 놓고 집에 배달된 신문을 읽다가 관심이 가는 기사를 만나면 온라인에서 제목을 검색해 복사하거나, 링크를 걸어 주제별로 스크랩해 두었습니다. 블로그에 스크랩을 하면 종이신문으로 스크랩할 때보다 시간과 비용 면에서 경제적입니다. 무엇보다 언제 어디서든 스크랩된 내용을 찾아볼 수 있어서 편리했습니다.

하지만 역시 신문은 종이로 우선 읽어야 효과적입니다. 왜냐하면 종이신문은 내 관심사 밖의 이야기도 알 수 있게 해주기 때문입니다. 웹상에 떠오른 기사로 읽을 때는 결코 느낄 수 없는 이로움이죠.

제가 존경하는 시골의사 박경철 씨도 종이신문 예찬론자입니다. 그 분은 어느 강연에서 '종이신문은 편집을 통해 뉴스의 중요도를 짚어주기 때문에, 스스로 사안의 무게를 가늠할 능력이 생길 때까지는 종이신문을 읽으라'며 대학생들에게 종이신문을 권했습니다.

아울러 "포털 사이트의 검색어 1위부터 10위 뉴스 중에 우리가 정말 알아야 할 핵심적 사유가 담겨 있는 게 있습니까? 읽기 훈련을 안 하면 정보홍수의 물결에 떠다니는 통나무 같은 존재가 될 겁니다."라며 독자적 사고를 해치는 인터넷 정보에 대해서도 지적했죠.

신문과 블로그를 사랑하는 제가 여러분께 드리고 싶은 조언은 '블로그를 온라인 지식창고로 활용하라'는 것입니다. 세상의 모든 이야기를 담고 있는 신문과, 무엇이든 담아두기에 좋은 블로그는 의외로 궁합이 잘 맞습니다. 블로그를 여러분의 '지식창고'로 만드신다면 머지않아 어제와는 다른 여러분을 만나시게 될 겁니다.

못 믿겠다고요? 그렇다면 블로그를 지식창고로 활용하고 있는 사례를 소개해야겠군요. 이 분은 자신의 앎과 배움 그리고 느낌을 일반에게 알리고 공유하고 있습니다. 다양한 분야와 방대한 자료로 이 분의 블로그는 문전성시를 이루고 있는데요, 바로 한양대 유영만 교수의 블로그입니다.

스스로를 '욕망하는 지식생태학자(Knowledge Ecologist)'로 부르는 유영만 교수(블로그 닉네임-지식생태학자Kecologist)의 블로그(http://blog.naver.com/kecologist)에는 블로그 포스트가 무려 4,000개가 넘습니다. 유 교수는 다양한 매체를 통해 매일 보고 듣고 느낀 정보와 지식들을 블로그에 담고 있었습니다.

블로그에 있는 60여 개의 카테고리들을 살펴보면 상단에는 '곡선의 미학', '버킷리스트', '종이물고기', '리스타트 핑!' 등 제목이 눈에 띄는데요, 이 제목들은 유 교수가 쓴 책의 제목이기도 합니다. 그렇습니다. 이 분은 카테고리를 쓰고 싶은 책의 제목으로 구분해 놓고 관련된 내용들을 스크랩해 두었다가 이들을 종합해 책을 쓰고 있습니다. 그러니까 카테고리에 있는 '고양이와 혁신', '앎+삶+옳음', '최고에너지경영자' 등도 머지않아 출간될 책 제목이라고 봐야겠죠?

유영만 교수는 현재(2011년 7월) 지난 1월 『버킷리스트』(한국경제신문)

에 이어 3월 『곡선이 이긴다』(리더스북)를 공저했고, 『경영은 죽었다』(위즈덤하우스), 『왜 장사를 하는가』(토트), 『The 33』(월드김영사) 등 외서에 해제를 했으며, 거의 매주 강연을 하는 '대한민국에서 가장 바쁜 교수' 중 한 사람으로 통합니다. 이 분이 이렇게 다양한 주제로 책을 쓰고 강연을 하실 수 있는 것은 종합해 보면 신문 덕분이라고 해도 과언이 아닐 겁니다.

살펴본 바와 같이 신문은 힘이 셉니다. TV 뉴스 30분을 다 받아 적어도 유명 일간지 1면의 절반밖에 안 된다는 조사가 있습니다. 인터넷 정보보다 신문에서 접한 정보의 안정성이 매우 뛰어나 오래 간다는 연구들도 국내외에 이미 많이 나와 있습니다.

하지만 이 이로움을 오롯이 느끼고 싶다면 신문을 단순히 눈으로 보지(see, 視) 말고 읽어야(read, 讀) 합니다. 시간을 때우기 위해 설렁설렁 읽어서는 신문이 주는 이로움을 느낄 수 없습니다. 알고자, 배우고자, 공감하고자 작심하고 기사를 접해야 비로소 그 이로움이 머리와 가슴으로 전해집니다. 오랫동안 기억하고 활용하기 위한 스크랩은 그 다음 이야기겠죠.

단돈 600원으로 살 수 있는 세상의 하루 이야기인 신문, 보지(see) 말고, 읽으세요(read)!

5

무엇이 일본 최고의 부자와 아시아 최고 부자를 만들었는가

지인 중에는 내가 경제경영서를 즐겨 읽는 것을 보고 "독서가 밥 먹여주는 것도 아닌데, 무슨 책을 그렇게 읽느냐?"고 묻는 이들도 있다. 두말할 것 없이 조선 최고의 부자 변 진사에게 일만 냥을 빌려 10년 만에 10만 냥으로 되돌려준 「허생전」의 허생원 이야기를 들려줘야겠지만, 보다 현실적인 대답으로 한때 일본 최고의 부자이자 소프트뱅크 회장인 손정의(孫正義, 손 마사요시)의 이야기를 전한다.

1983년 스물여섯에 일본 소프트뱅크를 창업한 손정의는 어느 날 회사 건강검진에서 중증 만성간염 판정을 받는다. 최악의 경우 5년 이상을 버틸 수 없다는 날벼락 같은 선고였다. 진단받은 다음 날 병원에 입원한 손정의는 그 후 3년간 투병생활을 했다. 그의 투병생활은 남달랐다. 그는 병상에서 미친 듯이 책을 읽었다. 손정의는 책 속에서 우선 마음 속 우상 사카모토 료마를 다시 만났다. 시바 료타로의 소설 『료마가 간다』(창해)를 다시 정독한 것이다. 장편소설 『료마가 간다』는 손정의가 열여섯 살 때 평생의 큰 뜻을 품게 해준 책이었다. 료마를 다시 읽던 손정의는 스스로가 부끄러워졌다. 33세에 생을 마감한 료마는 죽기 전 마지막 5년 동안 일본의 근대화를 이끈 인물이었다. 손정의는 마음을 다잡았다. 그리고 이렇게 다짐했다. '자, 나도 5년이다. 그동안 뭔가 할 수 있는 일이 있을 거야. 그것을 하자, 목숨 바쳐서.'

손정의는 입원해 있는 3년 동안 무려 4,000여 권의 책을 읽었다. 보통 사람들이 평생토록 읽어도 다 못 읽을 책을 단 3년 만에 읽은 것이다. 자신만의 경영전략이자 소프트뱅크 특유의 경영 전략인 '제곱병법'도 이때 창안했다.

긴 투병생활 끝에 기적적으로 퇴원한 스물아홉 손정의는 방대한 독서를 통해 얻은 혜안으로 미국에서 소프트뱅크를 상장시키고 2

천억 엔 이상의 거금을 손에 쥐었다. 자금을 확보한 그는 독서를 통한 영감과 그가 평소 구상하던 아이디어를 합해 일생일대의 승부를 걸게 된다. 바로 '머지않아 인터넷이 세상을 지배하는 시대가 올 것'이라는 비전이었다. 그는 800억 엔을 주고 세계 최대의 컴퓨터 전시회인 '컴덱스'를 사들였다. 또한 2,300억 엔을 들여 컴퓨터업계 세계 최대 출판사인 지프데이비스를 손에 넣었다. 총 3,100억 엔. 업계에서는 쓸데없는 기업에 거액을 투자했다며 손가락질했다. 하지만 그는 "보물찾기에서 가장 중요한 것은 음식도 아니고, 약도 아니고, 대포도 아니고, 바로 지도와 나침반이다."라고 말했다. 당시 그에게 지도와 나침반은 컴덱스와 지프데이비스였다.

손정의는 지프데이비스 직원들에게 21세기에 세상을 이끌 사이트 5개를 찾아내라고 지시했다. 그 속에 발견된 보물이 바로 야후였다. 당시 야후의 미국 직원은 겨우 5~6명. 그는 이제 막 설립된 야후에 100억 엔을 투자하여 최대 주주가 되었다. 그리고 야후재팬을 만들었고, 오늘의 소프트뱅크를 있게 한 토대를 만들어냈다. 20대의 재일교포 3세 손정의에게 이러한 승부를 가능하게 해준 것은 바로 독서였다. 그는 지금도 인생의 중요한 포인트마다 『료마가 간다』를 읽는다고 한다. 한편 사업에 대한 철학과 비전을 얻었다는 『손자병법』은 그가 최고로 꼽는 책이다.

손정의는 컴덱스와 지프데이비스를 자신을 성공으로 안내해준 지도와 나침반이었다고 평했다. 하지만 나는 그의 진정한 지도와 나침반은 3년 동안 병상에서 읽은 4,000권의 책이라고 확신한다. 어떤가, 이래도 당신은 허생원의 마누라처럼 "책을 읽으면 밥이 나오나, 떡이 나오나?" 물을 텐가?

말이 나온 김에 책으로 돈을 번 사람을 한 명 더 언급하자. 일본에 손정의가 있다면, 홍콩에는 아시아 최고 갑부이자 홍콩 청쿵그룹의 회장인 리자청(李嘉誠, 홍콩명 리카싱)이 있다. 1928년 생으로 올해 나이 85세인 리자청은 무일푼의 소년 가장에서 아시아 최고의 부자이자 세계 5위의 거부가 된 사나이다.

유서 깊은 선비 집안 출신으로 태어났지만 찢어지게 가난했던 집안 사정으로 그는 학업을 포기하고 일찍부터 찻집 종업원, 임시직 공장 노동자, 시곗줄 행상, 플라스틱 벨트 영업사원 등을 전전하며 생업에 뛰어들어 동료들이 하루 8시간 일할 때 16시간씩 일하며 악착같이 사는 법, 그리고 돈 버는 법을 배워야 했다. 기특한 점은 리자청은 책 읽기를 좋아해서 열심히 일하는 가운데에도 틈만 나면 책을 읽었고, 책을 손에 들면 시간 가는 줄 몰랐다고 한다.

청년 리자청은 1945년 어머니의 도움으로 푼푼이 모은 7천 홍콩 달러로 작은 플라스틱 공장을 열었다. 하지만 이때까지 리자청의 플라스틱 회사는 평범한 회사에 불과했다. 리자청 사업이 전환점을 맞게 된 것은, 1950년대 후반 한 권의 책을 통해서였다.

어느 날 새로운 사업 구상을 위해 호기심 가득한 눈으로 잡지를 살펴보던 리자청은 한 장의 사진을 보고 큰 충격을 받았다. 사진은 꽃그림이었는데 생화가 아닌 조화, 즉 플라스틱 꽃이었다. 그는 사진과 함께 이탈리아에서 세계 최초로 플라스틱 조화가 개발됐다는 기사를 읽었다. 리자청은 중국인의 화려한 풍습과 많은 축제, 습한 아열대 기후의 홍콩 날씨를 떠올리며 플라스틱 조화를 들여오면 큰돈을 벌 것이라고 확신했다.

그는 곧바로 이탈리아로 날아가 어렵게 플라스틱 조화 기술을 배우고 홍콩으로 돌아왔다. 그 후 그가 만든 플라스틱 조화는 유럽에서 생산되는 것보다 더욱 싸면서도 진짜에 가까워 본고장 유럽에까지 알려지고, 많은 양이 수출되면서 엄청난 매출을 올린다. 이때 리자청은 플라스틱 꽃으로 '화왕(花王)'이란 별명을 얻었고 그의 사업은 굳건한 발판을 마련해 성공가도를 달리기 시작한다.

플라스틱 조화 사업으로 큰돈을 번 리자청은 이번에는 부동산 개발에 눈을 돌렸다. 그동안의 독서력을 통해 홍콩의 발전 속도에 비추어 부동산의 잠재력이 엄청날 것으로 판단한 것이다. 그의 예측은 적중했다. 그 후에는 주식을 비롯해 홍콩전력, 홍콩텔레콤, 캐나다상업은행, 아주주간, 파나마운하, 에어캐나다 등 다양한 투자를 통해 '50년 불패경영'이라는 신화를 창조했다. 2000년 포브스는 리자청 일가가 91억 달러의 재산을 보유, 아시아 최고의 거부가 됐다고 공식 보도했다. "홍콩 사람이 1달러를 쓰면 그 중 5센트는 리자청의 호주머니에 들어간다." 그의 어마어마한 부를 잘 보여주는 말이다. 현재 홍콩 상장기업의 4분의 1은 리자청 소유이며 전 세계 컨테이너 물동량의 10%를 그의 회사가 처리하고 있다.

리자청은 막대한 개인 재산을 갖고 있으면서도 소년 가장 시절 몸에 밴 검소한 생활을 지금껏 유지하고 있다. 그가 신고 다니는 구두는 우리 돈으로 5만 원에 불과하며 신발 이곳저곳에 기운 흔적이 있다. 또한 그가 차고 다니는 시계는 2만 원대로, 시곗바늘은 늘 10분 빠른 시각을 알려준다고 한다.

20년째 5,000 홍콩달러(약 70만 원)의 똑같은 월급을 받고 있으며, 아직도 직원들과 회사 식당에서 식사하고, 공장에서 근로자들과 함께 도시락 먹는 것을 큰 즐거움으로 삼고 있는 소박한 사람이지만, 기부에는 통이 커서 개인 자산의 33%인 6조 원을 자선

단체에 내놓기도 해 중국인들은 그를 대군(大君)이라 부르며 존경해 마지않는다고 한다.

사람들은 리자청을 두고 '잎만 보고도 가을이 올 것을 간파할 줄 아는 기업인'이라고 부른다. 이렇듯 남보다 한 발 앞서 시장을 읽는 능력은 그의 독서력에 있다. 초등학교 교장이었던 그의 아버지는 아들에게 "책에서 길을 찾아라."는 말을 수도 없이 했다. 그는 책을 읽기 시작한 지 70년이 지난 지금도 매일 밤 잠자기 전 30분간 반드시 새 책을 읽으며 최신의 사상이론과 과학기술 등을 이해하려고 노력한다. 그는 소설을 제외하고 문학, 사회, 철학, 과학기술과 경제방면의 책 등 장르를 가리지 않고 닥치는 대로 모두 읽었다고 한다.

킬링 타임용으로 읽히는 잡지 속에서 홍콩의 대부호 리자청이 탄생했다는 얘기는 우리에게 시사하는 바가 크다. 사람에게 위아래가 없듯 어느 책이든 경중이 있을 수 없다는 것, 그리고 책을 읽을 때는 항상 목적을 두고 읽어야 한다는 점이다. 그래야 그 어떤 책이든 온전히 독서를 만끽할 수 있는 것이다.

6

나를 창업으로 이끈 한 권의 책

나도 독서 덕분에 사업을 시작했다. 손정의나 리자청처럼 큰 성공은 아니지만 만약 그때 사업을 시작하지 못했다면 지금의 나는 없을 것이다. 내가 대학을 졸업하던 해 IMF가 터졌다. 많은 기업들이 파산했고, 더 많은 직장인들이 하루아침에 실직자가 되었다. 서울 시내의 산마다 양복에 구두 신은 등산객이 즐비했고, 공원에는 멍한 표정으로 벤치에 앉아 시간을 보내는 직장인들이 태반이었다.

취업을 하지 못한 나도 그 대열에 끼었다. 백수로 빈둥거리며 집에서 마냥 허송세월을 할 수는 없었다. 거처를 옮겨 상가분양 일을 하던 대학 선배의 학교 옆 자취방에 머물렀다. 선배에게 취업도 부탁할 겸 밥하고 청소하고 빨래를 해주며 얹혀 지내면서 이른바 '기생생활'을 시작했다.

그해 겨울은 유난히도 추웠다. 돈 없는 백수에게 쇠털같이 많은 시간은 무거운 짐이었다. 궁리 끝에 찾아간 곳은 서점, 나 같은 백수에게는 천국 같은 곳이었다. 기왕 책을 읽을 바에는 책이 가장 많은 곳으로 가자는 생각에 광화문에 있는 교보문고를 다녔다. 매일 아침 왕복 지하철비와 사발면 하나에 김밥 한 줄 사먹을 돈을 들고 집을 나섰다.

월급만 안 받았지 교보문고 직원들만큼 오랜 시간을 서점에서 보냈다. 나중에는 인사를 나눌 만큼 안면을 튼 직원도 있었다. 한 달쯤 교보문고로 출퇴근하던 어느 날이었다. 무엇을 하며 살아야 할까, 하는 마음으로 서가를 뒤질 때였다. 창업 코너에서 『비즈니스에는 급소가 있다』(천지서관)라는 책을 만났다. 제목도 흥미로웠지만 저자 소개가 눈길을 사로잡았다. 일본 맥도널드의 창업자이자 회장인 후지타 덴(이 사람은 어린 손정의가 쿠루메 대학 부설 고등학교를 중퇴하고 미국 유학을 갈 때 결정적인 조언을 한 멘토이기도 하다.)이 쓴 책이었다. 일전에 한국에 피자헛을 들여와 큰 성공을 거두었던 성신제의 자서전『창업자금 칠만이천원』(여성신문사)을 재미있게 읽은 터라, 아예 바닥에 엉덩이를 대고 주저앉아 책을 읽어나갔다. 평소 즐겨먹는 피자와 햄버거를 만드는 회사의 이야기라 친근하고 재미있었다. 알고 보니 후지타 덴은 대단한 장사꾼이었다.

후지타 덴은 일본 맥도널드의 전 회장이자 일본에 맥도널드를 들여와 패스트푸드 혁명을 일으킨 장본인으로 '긴자의 유태인'이라는 별명답게 사업 수완이 뛰어났다. 그는 미국으로부터 일본에 맥도널드를 들여오기로 결정할 때 '전 세계에 같은 맛을 낼 수 있는 맥도널드의 표준화된 시스템과 신속함'을 맥도널드만의 아이덴티티로 꼽았다. 그러면서 독자들에게 "성공하는 프랜차이즈를 만들고 싶다면 우선, 그 누구도 따라 할 수 없는 고유의 아이덴티티를 만들어라"라고 말했다. 그 문장을 읽는 순간, 등줄기로 찌릿찌릿한 전기가 흘렀다. "바로 이거다!"

그때의 느낌은 모르긴 몰라도 리자청이 우연히 들춰본 잡지에서 플라스틱 꽃 사진을 봤을 때 느꼈던 전율과 흡사하지 않을까. 나는 이 한 문장을 읽고 거짓말처럼 앞으로 내가 할 사업거리를 떠올렸다. 그 누구도 흉내 낼 수 없는 독창적인 아이템을 가진 요릿집을 떠올린 것이다. 바로 내가 졸업한 건국대학교 후문에 있는

'춘천골 닭갈비'라는 이름의 닭갈비집이었다. 독특한 맛과 저렴한 가격으로 유명했는데, 하루에 쌀 세 가마를 소화할 만큼 문전성시를 이룬 맛집이었다. 내가 복학생이 되던 봄에 문을 열었는데, 나는 거의 매일 점심을 이곳에서 해결했다. IMF라는 경제적인 여건을 고려한다면 이곳의 맛과 가격은 충분히 경쟁력이 있었고, 따라서 프랜차이즈로 확장해도 되겠다는 확신이 들었다.

그 후 나는 한 달이 넘도록 교보문고에서 창업 관련 서적을 뒤졌다. 우선 글로벌 기업의 창업자들이 쓴 자서전을 찾아 읽었다. 특히 프랜차이즈 업체의 창업자가 쓴 책은 두세 번 읽으며 메모했다. 68세의 나이에 켄터키 프라이드치킨(지금의 KFC)을 세운 컨넬 샌더스 대령의 감동적인 성공스토리를 비롯하여, 맥도널드 형제로부터 사업권을 인수받아 세계적인 글로벌 체인 맥도널드를 탄생시킨 레이 크록의 이야기도 읽었다. 훗날 하워드 슐츠는 레이 크록의 이야기에서 영감을 받아 스타벅스를 인수할 때 롤모델로 삼았다는 것도 알게 되었다. 월마트의 창업자 샘 월튼의 직원 존중 경영 방식은 경영의 신 마쓰시타 고노스케를 은근히 닮았으며, 혼다를 일으킨 혼다 소이치로의 카리스마는 난세의 영웅 오다 노부나가를 연상케 했다.

그들이 가진 공통점은 모두 프랜차이즈로 세계를 제패했다는 것과 그 누구도 흉내 내지 못하는 아이덴티티를 가졌다는 점이었다. 당시만 해도 프랜차이즈가 막 태동하던 시기라 국내 출판계에는 이렇다 할 창업 관련서가 많지 않았다. 그래서 조금이라도 비슷한 내용을 다룬다 싶으면 모두 읽었다. 이제 막 자리를 잡기 시작한 CVS 사업, 즉 편의점 사업에 관련된 책들도 찾아서 공부했다. 심지어 LG25, BBQ치킨 등 다양한 업종의 가맹사업설명회에도 찾아가 입지 선정 노하우와 가맹점 모집, 그리고 계약서 관련 서식과 내용 등을 벤치마킹했다. 이렇듯 모두 70여 권 정도를 탐독하면서 프랜차이즈의 이론과 성공사례들을 메모해 두었더니 서서히 전체적인 사업 방향이 보이기 시작했다.

그로부터 일주일 후, 나는 책 한 권 분량의 자료와 기획안을 들고 학교 후문 뒤 닭갈비집을 찾아가 사장님을 만나서 다짜고짜 '프랜차이즈 사업을 함께하자'고 제안했다. 10분 정도 내 말을 듣던 사장님은 제안을 흔쾌히 받아들였다.

사장님이 서슴지 않고 오케이를 한 데는 개인적인 사정도 한몫했다. 닭갈비 장사가 잘 되자 시골에서 농사짓던 형제들이 소식을 듣고 찾아와 사정하는 통에 본의 아니게 경기 지역에 3개의 분점을 차린 상황이었다. 문제는 분점 관리가 생각보다 만만치 않았다는 사실. 사장님은 지점 관리에 쩔쩔 매고 있었고, 그러던 차였으니 나의 제안이 반가울 수밖에 없었으리라. 어쨌든 나는 그 자리에서 채용되었다.

이후 진행은 일사천리였다. 본점과 가까운 구의동에 사무실을 얻어 체인본부를 세운 뒤, 대기업 취업과 동시에 사직서를 내고 놀고 있던 대학 선후배들을 설득해 한 배를 탔다. 첫 월급은 딱 백만 원. 회사가 성장하면 급여를 올리기로 약속했다. 5개월의 준비기간 동안 수입 하나 올리지 못한 서너 명의 직원들에게 기본급 백만 원은 큰돈이었다. 게다가 초등학교 졸업 학력의 사장님으로서는 엄청난 투자가 아닐 수 없었다.

가맹점 사업을 진행하는 동안에도 나의 책 읽기는 계속되었다. 회사를 운영하는 동안 문제가 발생하면 퇴근 후 서점에 들렀다. 물론 백수시절처럼 더 이상 다리 아프게 서점에서 무료 독서를 즐길 필요 없이 필요한 책이다 싶으면 구입 후 집으로 가져와 밤 새워 읽고 회사에 청구했다. 나는 그 시절 책을 마음껏 사서 읽을 수 있다는 것, 내 맘대로 밑줄 치고 접어서 표시할 수 있는 '내 책'이 있다는 것만으로도 너무 기뻤다.

하지만 무엇보다 내가 알고 싶은 답을 찾을 수 있는 것이 좋았다. 회사 업무를 보다가 난관에 부딪히거나 해결해야 할 문제가 생기면 나는 우선 책을 찾아 그 속에서 답을 찾으려고 노력했는데 그러면 신기하게도 내가 찾고자 했던 답을 용케도 발견할 수 있었다. 물론 금고 비밀번호처럼 딱 필요한 정답이 적혀 있는 것은 아니다. 하지만 답을 찾으려는 목적을 갖고 이 책 저 책 매달리다 보면 해답으로 이끌어주는 힌트를 만날 수 있었다. 이러한 경험치가 쌓이자 책에서 배운 내용을 모티브로 스스로 답을 만드는 능력도 생겼다.

가맹점 개설에 대한 내용뿐 아니라 경영 전반, 즉 홍보, 마케팅, 계약, 협상, 설득, 매뉴얼, 고객응대요령 등 거의 모든 것을 책 속에서 배웠다고 해도 과언이 아니다. 예를 들어 가맹점 운영 방법은 맥도널드의 창업자 레이 크록이 쓴 자서전에서 알게 된 맥도널드의 햄버거 대학의 커리큘럼에서 벤치마킹했다. 미국에서 맥도널드의 점주가 되려면 맥도널드 본사에서 설립한 햄버거 대학에 들어가 1년간 맥도널드에 대해 공부해야 비로소 가맹점을 낼 수 있었다. 나는 맥도널드의 햄버거 대학 시스템의 핵심이 매장 운영 노하우를 가르치는 데 있다고 보고, 예비 가맹점주들이 가맹점 계약과 동시에 기존에 운영 중인 가맹점에서 무보수로 일을 하면서 장사의 노하우를 배울 수 있도록 했다.

홍보를 할 때도 독서의 도움이 컸다. 회사를 차린 지 6개월이 지나자 가맹점 모집 계획에 대한 틀이 거의 완성되었다. 그때부터는

'어떻게 하면 지금까지 준비한 춘천골 닭갈비를 세상에 알릴까?' 가 새로운 화두였다.

가장 쉽고 빠른 방법은 광고이다. 일간지 신문 하단에 가맹점 모집 광고를 내고 전화통 앞에서 기다리면 끝이다. 하지만 일간지 신문에 5단짜리 광고 하나를 내려면 최소 300만 원에서 800만 원이 들었다. 우리 같은 회사로서는 터무니없이 비싼 가격이었다.

그렇다고 좌절하고 넋 놓고 있을 수는 없었다. 나는 '돈 들이지 않고 널리 홍보할 수 있는 방법이 없을까' 궁리하며 또 다시 서점을 찾아 책을 뒤졌다. 두어 시간 정도 뒤졌을까. 일본의 경제경영 전문작가인 혼다 켄의 어느 책을 살펴보다가 매우 흥미로운 내용을 만났다. 일본의 조그마한 부동산 회사가 광고를 할 여력이 없자 설문을 통해 지역 주민 실태를 조사한 뒤 그 결과를 가지고 보도 자료를 만들어 신문사에 보내 돈 한 푼 들이지 않고 회사를 크게 알렸다는 내용이었다. '바로 이거다!' 무릎을 쳤다.

다음 날 아침 플래카드 하나를 제작해 춘천골 닭갈비 체인점 가운데 일본인이 가장 즐겨 찾는 문정점으로 달려갔다. 그날 저녁부터 일본인을 대상으로 무료 시식행사를 열었다.

책을 읽고 생각해 낸 기획인즉 이렇다. 1999년 당시만 해도 일본인은 매운 음식을 잘 먹지 못한다고 알려져 있었다. 하지만 언젠가 경제신문에서 정반대의 기사를 읽었는데 일본에서 멕시칸 요리가 인기를 끌고 있다는 내용이었다. 매콤달콤한 칠리소스가 입맛을 당긴다는 얘기였다. 그러면서 기자는 '이제 일본인도 매운 맛이 뭔지 알기 시작했다'고 논평을 달았다. 스크랩해 놓은 그 기사를 읽으며 나는 '칠리소스를 맛있게 먹는 사람이라면 우리 닭갈비도 얼마든지 즐길 수 있겠다'고 판단했다.

그래서 달고 매운 맛을 서너 단계로 나눈 닭갈비를 준비한 다음, 문정동에서 쇼핑하는 일본 관광객을 초대해 맥주 500CC 한 잔과 닭갈비를 무료로 시식하게 하고, 대신 일본어로 적은 간단한 설문과 맛을 본 소감을 써줄 것을 부탁했다. 반응은 의외로 괜찮았다. 처음 보는 새빨간 닭요리에 대한 거부감과 여전히 매운 맛에 익숙지 못한 점을 제외하면 많은 채소들과 함께 볶아내는 매콤달콤한 닭갈비 맛이 꽤 끌린다는 답변이 많았다.

설문자료가 공신력을 지니려면 조사 자료가 많아야 한다. 나는 거의 한 달 동안 문정점으로 출퇴근했고, 일본어 통역자를 직원으로 채용하여 업무를 거들도록 했다. 그렇게 두 달이 흐르자 약 300장의 설문지가 작성되었다.

나는 이 설문 결과를 분석해서 보도 자료를 만들었다. 그리고 조선일보사 건물에 있는 일본 마이니치신문 한국지사를 찾아가

지국장을 만났다. 생전 처음 보는 녀석이 다짜고짜 찾아와 닭갈비집 이야기로 기사를 내달라니 어이가 없는 듯 처음에는 웃으며 '우리는 이런 내용을 기사화하지 않는다.'고 대답했다. 며칠 후 다시 찾아갔더니 이제는 바쁘다며 아예 만나주려고 하지 않았다. 일본 신문사 지국장들은 주로 정치부 기자다. 특히 청와대 출입기자이기도 해서 툭하면 외근이었다. 할 수 없이 나는 매일 같은 시간에 찾아가 지국장을 기다리기로 했다. 지국장은 어떤 날은 출장을 갔고, 어떤 날은 기사를 쓰느라 바빴다. 하지만 난 매일 그 시간, 같은 자리에서 1시간을 기다리다 인사를 하고 나왔다. 이렇게 한 달이 되자 지국장이 날 불렀다. 그는 능숙한 한국말로 내게 이렇게 물었다.

"난 솔직히 닭갈비에는 관심이 없고, 젊은이가 궁금해졌어. 당신은 어떤 사람이요?"

본의 아니게 나는 지국장에게 인터뷰를 당했고(?) 며칠 후 일본 신문에 'IMF 상황에서도 열심히 살고 있는 한국 젊은이'라는 내용으로 나에 대한 기사가 칼럼 형식으로 실렸다. 지국장은 끝내 닭갈비 기사는 실어주지 않았다. 하지만 그는 고맙게도 우리의 보도자료를 일본 야끼니쿠(焼き肉) 협회에서 발행하는 잡지에 실릴 수 있도록 다리를 놔주었다. 한 달 정도 지났을까. 정말로 일본 야끼

니쿠 협회에서 직접 한국을 방문해 춘천골 닭갈비 문정점을 취재해 갔고, 곧이어 NHK와 후지TV 등 일본 방송매체와 언론에서도 찾아와 닭갈비를 맛있게 먹는 일본 관광객들을 카메라에 담아 갔다. 취재진은 방송으로 일본에 닭갈비가 알려진 건 그때가 처음이라고 말했다.

일본 언론에 닭갈비가 알려지자 역으로 한국에 있는 신문사와 방송국에서 우리 닭갈비 회사에 관심을 갖기 시작했다. 특히 IMF로 명예퇴직한 회사원들이 퇴직금으로 창업을 하던 시절이라 '값싸고 영양 많은 닭갈비'는 '창업하기 딱 좋은 아이템'으로 소개되었다.

그 후 한 달 사이 우리 회사는 4대 일간지와 경제신문에 모두 기사로 실렸고, 심지어 우리 사장님은 SBS 주병진 쇼에 출연해 주병진 씨와 함께 현란한 '닭갈비 요리쇼'를 선보이기도 했다. 그 후 순풍에 돛 단듯 사업이 번창해 1년 반 동안 서울 경기지역에 체인점을 68개 내면서 꽤 유명한 닭갈비 체인점으로 성장했다.

여기서 짚고 넘어가야 할 것이 하나 있다. 아무리 책을 읽고 배웠다지만 내가 마이니치신문사를 한 달 동안 찾아간 일은 '미치지 않고서는 할 수 없는 짓'이었다. 나도 잘 안다. 하지만 그럴 수 있었던 용기를 나는 독서를 통해 얻었다. 제목은 기억나지 않지만 기자가 쓴 어느 책을 읽다가 이런 내용을 만났다.

"신문 기자도 사람이다. 그래서 형식적인 보도 자료보다 생생하고 감동적인 스토리를 만나면 어떻게든 쓰려고 노력한다. 기사가 갖는 힘을 알아서인지 가끔 자기들 업체가 기사화되기를 원해서 보도 자료를 보내는 사람들이 많은데, 나는 이들이 때로는 답답할 때가 있다. 신문사 팩스로 날아드는 똑같은 형식의 보도 자료는 하루에도 수십 개가 넘는다. 나라면 판에 박힌 형식의 보도 자료를 팩스로 보낼 것이 아니라 생생한 소식이 담긴 쓸 만한 보도 자료를 만들어 직접 기자를 찾아가 설명하겠다. 누군가 이렇게 나를 찾는다면 나는 틀림없이 실어줄 것 같다. 이 방법은 결정적일 때 딱 한 번은 써먹을 만한 방법이다."

나는 이 대목을 읽고 '그렇다, 기자도 사람이다. 보도 자료가 진실하고 독자들에게 유익하다면 그들에게 소개하는 것을 두려워할 이유가 전혀 없다.'고 생각했다. 나아가 '이렇게 좋은 소식이라면 기자로서 사명감을 느끼고 전국에 알려야 하는 것은 당연지사 아닌가?' 하는 마음까지 들었다.

나는 손정의나 리자청처럼 사업에 성공해 큰 부자가 되지는 못했지만 책에서 만난 아이디어로 사업을 시작할 수 있었고, 나름의 성공을 경험할 수 있었다. 그리고 이 소중한 경험은 오늘을 살아가는 데도 크나큰 역할을 하고 있다. 내가 지금까지 경제경영서를 열심히 읽는 이유도 바로 그 때문이고, 블로그와 방송, 강의와 강연을 통해 많은 사람들에게 독서의 이로움을 널리 알리려고 하는 이유도 독자들이 독서를 통해 보다 멋진 인생을 살기를 바라는 마음 때문이다.

책은 언제 어디서든 우리에게 큰 가르침을 줄 준비가 되어 있다. 당신이 귀를 열고 들을 준비만 되어 있다면 말이다. 오늘 밤 내가 잠 못 들며 미치도록 궁금해하는 모든 진실을 책은 알고 있다. 책에게 물어보라. 그리고 책의 대답에 귀를 기울여라. 그게 귀로 읽는 책의 즐거움이다.

7

경제경영서를 추천한다

앞서 나는 관심사를 찾아서 그에 맞게 책을 읽으라고 조언을 했고, 또 그래야 배움의 즐거움이 커진다고 설명했지만 그래도 관심사를 찾기가 어렵다면, 경제경영서 읽기를 권한다. 20여 년 동안 수천 권의 경제경영서를 읽으면서 내린 나의 결론은 경제경영서는 '두려움을 없애준다.'는 사실이다. 어떤 두려움? 미래에 대한 두려움이다.

동물에게는 타고난 예지 능력이 있는 것 같다. 개미들이 이사를 가면 장마가 질 징후이다. 쥐들이 짐을 싸면 건물이 무너질 징후이다. 2008년 중국 스촨 성에서 수십만 마리의 두꺼비가 떼를 지어 이동한 적이 있다. 그로부터 사흘 뒤 강도 7.8의 대지진이 일어났다.

반면 인간에게는 동물과 같은 예지 능력이 없는 것 같다. 그래서 어떻게 변할지 모르는 미래가 늘 두렵고 불안하다.

특히 그 두려움은 '돈'과 결부될 때 극대화된다. 지금 다니고 있는 직장에서 언제 해고될지 몰라 불안하고, 대출받아 구입한 아파트 가격이 얼마나 떨어질지 몰라 또 불안하다. 간신히 모은 종잣돈은 어디에 투자해야 할지 모르고, 노후대비는 또 어떻게 해야 할지 모른다. 불안하고 막막하다.

이 세상에 경제경영서가 존재하는 이유는 바로 이 때문이다. 경제경영서는 독자를 정신적으로 경제적으로 풍요롭게 한다. '아는 만큼 보인다'는 말처럼 경제경영서를 읽으면 읽을수록 미래에 대한 두려움은 점차 줄어든다.

한편 경제경영서를 읽는 것은 워런 버핏 평전의 제목, 『스노볼(Snowball)』(앨리스 슈뢰더, 랜덤하우스코리아)과도 같다. 경제경영서를 읽다 보면 구불구불하고 험악한 인생길에 멋진 슬로프가 있었음을 문득 알게 된다. 그리고 잘 뭉치는 좋은 눈은 어떻게 찾아야 하는지, 눈뭉치는 어떻게 굴려야 하는지 하나씩 배우게 된다. 만일 마찰 저항력이 0이고, 그 언덕이 끝이 없다고 가정하면 그 눈덩어리는 한없이 구르게 될 것이다. 이처럼 한없이 구르는 눈덩어리, 즉 스노볼은 저축에서 말하는 '복리'를 뜻한다.

잘 알다시피 책 읽기 역시 복리투자와 같다. 그 시작은 미약하지만 자꾸 자꾸 굴리게 되면 눈덩이처럼 불어나서 엄청난 결과로 나타날 것이다. 많은 성공한 리더와 부자들이 책을 읽으며 공부하는 이유가 바로 그 때문이다.

월스트리트 역사상 가장 성공한 펀드매니저이자 그가 운영했던 마젤란 펀드를 세계 최대의 뮤추얼펀드로 키워낸 '월가의 영웅' 피터 린치는 "젊었을 때 하루라도 빨리 투자를 시작하라."고 말했다. 나는 이렇게 말하고 싶다. 하루라도 젊었을 때 빨리 경제경영서 읽기를 시작하라.

시골의사 박경철은 자기 삶의 철학을 니체의 말을 빌려 '익숙하지 않은 것에 대한 호의'라고 말했다. 익숙한 것만을 고집하고 익숙하지 않은 것을 배척하는 시대에 그의 인생철학은 본받을 만하다. 나는 사람들이 책을 대하는 마음가짐도 이처럼 '익숙하지 않은 것에 대한 호의'이기를 바란다. 내가 모르는 부분에 대해 기꺼이 귀를 연다면 내게 아직 알려지지 않은 세상의 많은 이야기를 듣게 될 것이다.

독서를 완성시키기 위해서 마지막으로 필요한 과정은 리뷰 쓰기이다. 나는 '독서의 완성은 실천이고, 실천의 시작은 리뷰 쓰기'라고 믿는다. 책을 읽어서 좋았다면 리뷰 쓰기를 권한다. 그래야 독서가 더 즐거워진다. '쓰기'라는 말에 "이봐, 나는 글쓰기가 전혀 재미있지 않다고. 아니, 끔찍하게 싫어한다고!"라며 경기를 일으키는 분이 있을지 모른다. 익히 짐작하고도 남는다. 10년 전 나도 그랬으니까. 하지만 겁 먹지 말자. 반성문이 쓰기 싫어 일탈조차 꿈꾸지 않았던 내가 그랬듯이 당신도 할 수 있다.

후천적 활자 중독에 빠지는 **셋째 방법**

리뷰를 쓰면 책은 당신의 것이 된다

1

친근하면서도 어려운 글쓰기

내 오른손의 중지는 기형이다. 중지 손톱을 감싸는 옆 살은 누구에게 진탕 얻어맞아 혹이 난 것처럼 두툼하게 살이 솟아 있고, 돋아난 살 가운데는 피멍이 박혀 점이 되어버렸다. 초등학고 시절만 해도 왼쪽 중지와 엇비슷하게 평범했었다. 하지만 조금 더 나이가 들어 교복을 입은 후 6년 동안 중지는 항상 벌겋게 달아올라 손만 대도 아팠고, 모양도 차츰 흉한 모습으로 변하게 되었다. 결국 가운데 손가락은 심하게 기형이 되어버렸고, 그 덕분에 난 대학을 들어갈 수 있었다.

중지의 이런 흉한 모습은 비단 나만의 소유물이 아닐 것이다. 이 글을 읽는 여러분의 손가락을 살펴보라(왼손잡이는 왼손 중지를 보시길). 거의 대부분 굳은살이 박여 있거나 약간 비틀어져 있다. 아마도 육각의 모서리를 가진 모나미153 볼펜과 '죽도록 외우고 풀어야 대학을 들어갈 수 있도록 만든 제도권 교육 정책'이 공범일 것이다.

그렇다. 우리의 학창시절을 되돌아보면 하루 종일 펜을 쥐고 뭔가를 적는 모습이었다. 영어 단어든, 한자든, 수학 문제 풀이든, 하다못해 교과서 모서리에 낙서를 하든 우리는 뭔가를 끼적댔다. 12년의 의무교육과 또 몇 년의 대학시절을 보내면서 펜을 든 손으로 뭔가를 긁적거렸으면서도 정작 나는 '글쓰기'는 하지 않았다. 아니 '글쓰기를 못했다'고 대답해야 옳은 표현일 것이다. 내게 있어 방학숙제 중에서 가장 어려웠던 숙제가 '일기'였고, 중고등학교 시절 누구나 한 번쯤 경험했던 '일탈'을 꿈도 꾸지 않은 건 '반성문'이 쓰기 싫어서였다.

그랬던 내가 이렇게 글을 쓰고 있다. 뭔가를 끼적거리는 이 짓은 재미없으면 결코 불가능한 일이다. '재미로 치면 둘도 없는 친구와 질펀하게 술을 마시며 밤을 지새우는 재미만 하겠나?' 묻는 이가 있을지 모른다. 그러나 글쓰기에는 나름의 묘한 재미가 있으니, 그것은 바로 '내가 나와 노는 재미'이다.

글쓰기는 이태백의 술잔이다. 그가 사랑한 술잔 속에 꿈에 그리던 달이 담겨 있듯, 내가 쓴 글을 자세히 들여다보면 글 속에 내가 들어 있다. 글이란 것이 묘해서 쓸 때는 내가 되더니 쓰고 난 뒤에는 남이 되어 저 멀리 글에 담긴 나를 보게 된다. 원래 글의 목적이란 '남기기' 위한 것일 텐데 쓰다가 보면 남긴다는 본디 목적은 사라지고 '온전히 나를 살피게' 된다.

글쓰기가 맹랑한 궁싯거리기가 아니라 '자기 자신과의 대화'란 것을 알고 난 후, 나는 글쓰기가 즐거워졌다. 이렇게 즐겁고 재미있는 글쓰기를 알게 된 것은 아이러니하게도 사업에 실패했을 때였다. 가장 괴로운 시기에 우연히 글쓰기를 만났고, 그해 34살의 나이였던 나는 다시 태어났다.

2

글로 만나는 거울,
모닝 페이지

대학 졸업 후 사업을 하면서 4년 동안 조금씩 모은 종잣돈을 친한 친구의 부동산 개발 사업에 투자했다가 사기를 당했다. 그리 큰돈은 아니었지만 친구가 한다던 '부동산 개발 사업'이 거짓이었음을 알았을 때 나는 돈을 날린 것보다 더 큰 충격을 받았다. 설상가상 평소 술을 좋아하시던 아버지가 봄철 이른 아침 출근길에 심근경색으로 돌아가셨다.

돈도 잃고, 절친한 친구도 잃고, 아버지도 잃었다. 모든 것을 잃었다는 기분이 들자 눈앞이 캄캄해지고 귀가 먹먹해졌다. 나는 현실에 존재하지 않는 것 같았다. 그 후 어느 노랫말처럼 살아도 산 것이 아니고, 웃어도 웃는 것이 아니었다. 난 세상을 등졌다. 문을 단단히 걸어 잠그고 캄캄한 어둠 속으로 깊이깊이 자맥질을 했다.

히끼꼬모리(引き籠り)라는 일본말이 있다. 정신적인 문제나 사회생활에 대한 스트레스 따위로 집안에 틀어박혀 있는 사람을 가리키는 말이다. 우리말로 은둔형 외톨이, 그때 내가 그랬던 것 같다. 거의 1년 동안 아무것도 하지 않고 멍하니 살았다. 감정도 없었다. 웃지도 않았고 화도 안 냈다. 하지만 수시로 알 수 없는 눈물이 흘렀다. 의욕은 고사하고 목숨을 부지하는 것조차 버겁게 느껴졌으니 마치 바람에 흔들리는 그림자처럼 살았다. 반면 누군가 내 공간으로 다가온다고 느낄 때는 극도로 예민해져서 마치 새끼를 품은 어미 고슴도치처럼 가시를 뾰족하게 세웠다. 가족과도 원만할 리 없었다. 담배만이 친구였다.

그러던 어느 날 친구가 찾아왔다. 방송작가인 그 친구는 한 손에 술을 들고 와서는 말없이 잔에 채워주며 깊은 밤까지 내 이야기만 들었다. 친구는 돌아가는 길에 가방에서 책 한 권을 꺼내주며 이렇게 말했다.

"지금 너를 보니 예전 생각이 난다. 그때 나도 내일이 없는 듯 캄캄한 나날을 보내고 있었는데, 이 책을 읽고 큰 도움을 얻었다."

줄리아 카메론이 쓴 『아티스트 웨이』(경당)라는 책이었다.

하지만 난 그 책을 읽지 않았다. 다 귀찮았다. 방구석에 처박아 두었던 『아티스트 웨이』를 다시 발견한 건 몇 달이 지나서였다. 심심하던 차에 친구의 당부가 생각나 몇 페이지를 읽다가, 자세를 고쳐 앉고 그날 밤을 하얗게 새우며 모두 읽었다. 그리고 다음 날 또 한 번을 읽었다.

『아티스트 웨이』는 소설가, 방송작가, 시나리오 작가처럼 글밥을 먹고 사는 사람들 사이에서는 잘 알려진 책이었다. 저자 줄리아 카메론은 세계적인 영화감독 마틴 스콜세지와 결혼하여 대표작인 「택시 드라이버」의 시나리오를 공동 집필한 작가였다. 그러나 스콜세지와 이혼 후 우울증과 알코올 중독에 빠져 살다가 '모닝 페이지'를 만나면서 어려움을 극복하게 된다. 그때 그녀가 깨달은 것이 인간에게 있어 가장 소중한 가치는 바로 창조성이라는 사실이었고, 이는 모닝 페이지를 통해 달성될 수 있다는 것이 그녀의 주장이었다.

모닝 페이지란 매일 세 페이지 글쓰기를 말하는데, 흥미로운 것은 펜을 종이 위에 내려놓는 순간 내 머리 속에 떠오르는 모든 생각을 적는 것이 전부라는 사실이다. 다시 말해 '내 생각 내려쓰기'이다. 모닝 페이지의 특징은 아무에게도 보여주지 않는 것이다. 심지어는 글을 쓴 자신도 다시 보지 않아야 한다. 그렇기 때문에 글자가 삐뚤빼뚤해도 상관없고, 글씨가 크거나 작아도 상관이 없다. 맞춤법이나 띄어쓰기가 엉망이어도 괜찮다. 욕을 해도 좋다. 어차피 아무에게도 보일 글이 아니기 때문이다.

나는 '누구에게도 보여주지 않는 글을 쓴다'는 점이 마음에 들었다. 내 가슴 속에 꾹꾹 숨겨둔 말들을 쏟아낼 수 있는 방법을 찾은 것 같았다. 원래 모닝 페이지는 글을 쓰기 위해 창조적 영감을 불러내도록 고안된 방법이다. 매일 같은 시간 꾸준히 쓰다 보면 어느 날 내 잠재의식 속에 숨어 있는 영감 같은 것이 생각과 함께 쏟아져 나온다는 것이다.

나는 모닝 페이지가 아닌 '나이트 페이지'를 썼다. 주위가 고요해지는 깊은 새벽이 되면 책상에 앉아 스탠드를 켜고 글을 썼다. 멍하니 보내는 하루 중에 유일하게 하는 일이 바로 글쓰기였다. 당시 무엇인가에 집중한다는 건 내게 적지 않은 에너지를 필요로 했다. 일주일 정도 지났을까 모닝 페이지를 쓸 때 몰입하고 있는 나 자신을 보며 '살아 있다.'는 기분을 느꼈다. 나의 모닝 페이지는 최초의 의도였던 '지금 떠오르는 생각 쓰기'에서 온전히 '나'에 집중하는 글쓰기로 변했다. 그래서 나는 아무에게도 보여주지 않을 이 글을 쓰면서 내가 지금까지 살아온 삶을 정리하는 기회로 삼았다.

글을 쓰면서 나는 수도 없이 화를 냈고, 많이 울었다. 펜을 얼마나 내던졌는지 모른다. 또 종이를 얼마나 꾸겨서 찢어버렸는지 모른다. 처음 두 주 동안이 가장 심했다. 혼자서 글을 쓰면서 울다가 화내기를 반복하다가 지쳐 잠이 들곤 했다. 다음 날 밤, 글을 쓰면서 마음이 괴로워질 생각을 하면 기분이 우울해져서 머뭇거리기도 했지만, 그래도 꾸준히 글을 쓸 수 있었던 것은 글을 쓰면서 내 어깨와 마음을 짓누르던 무거운 돌들이 조금씩 사라지고 있는 듯한 기분이 들었기 때문이다.

실제로 그랬다. 나는 매일 모닝 페이지를 쓰면서 내 과거 속에 숨어 있던 수많은 사건과 사람들을 다시 만났다. 그들과 마주 앉아 울고불고, 화를 내고, 싸우며 그간 못다 한 말들을 내뱉었다. 그렇게 끝도 없이 쏟아내다 보면 나중에는 나도 모르게 그들을 용서하게 되거나 혹은 용서를 빌며 화해했다. 마음은 점점 가벼워졌다. 책에서는 모닝 페이지 글을 따로 모아두라 했는데, 나는 매일 쓴 글을 밖으로 들고 나가 담배를 피우며 태워버렸다. 그러면 내 고민과 시름들이 함께 타서 날아가는 듯했다. 한 달 정도 지나자 마음이 한결 편안해졌다. 그리고 처음 모닝 페이지를 쓸 때처럼 내 생각을 편안하게 글로 쓸 수 있게 되었다. 그러던 어느 늦은 밤, 나는 인적이 뜸한 밤거리를 걷기 위해 밖을 나와 무작정 새벽길을 걸었다. 이 날은 내가 은둔형 외톨이가 된 지 1년 만의 외출이었다. 나는 밤길을 걷는 내내 기뻐서 울었고, 그런 내가 또 불쌍해서 울었다.

"사는 것이 버거운 것은 자기 자신이 되지 못하기 때문"이라는 심리학자 융의 말은 맞는 말이었다. 모닝 페이지로 글을 쓰면서 나는 나 자신을 새롭게 바라봤다. 그리고 내게 난 상처는 약간의 시간이 필요할 뿐 그 시간이 지나면서 조금씩 아물어간다는 것을 깨달았다. 그 사실을 깨닫기 전에는, 그러니까 모닝 페이지를 쓰기 전에는, 나는 매일 마음에 스스로 상처를 내는 사람이었다. 상처에 딱지가 앉기도 전에 긁고 뜯어서 또 다시 더 큰 상처를 냈던 것이다. 그러니 시간이 갈수록 상처의 깊이만 더해졌다. 조금 더 늦었다면 나도 극단적인 선택을 했을지 모른다.

모닝 페이지를 쓴 지 두 달 후 나는 다시 거울을 들여다보기 시작했고 태양이 비추는 밝은 세상을 마주하게 되었다. 한동안 놓았던 책을 다시 집어 들기 시작했다. 그리고 스펀지가 물을 빨아들이듯 읽는 모든 책을 쭉쭉 흡수했다. 책을 덮으면 곧바로 리뷰를 썼고, 또 다시 밤이면 모닝 페이지를 세 페이지 썼다.

그 시기에 읽은 책 중에 13억 중국인의 스승으로 알려진 지셴린의 『다 지나간다』(추수밭)가 있는데, 이 책의 본문 중에 "아흔다섯 번째 생일을 맞은 오늘, 내 나이에 한 살이 보태졌다. 나는 또 한 해를 죽은 것이다. 그러나 달라지는 것은 없다. 나는 또 다시 오늘을 산다."라는 글이 있다. 나는 이 글에서 "나는 또 다시 오늘을 산다."라는 말이 너무 좋았다. 마치 내게 하는 말 같아 마음속 깊이 새기고 새겼다. 그리고 '어제는 죽었다. 나는 또 다시 오늘을 살겠다는 각오로 하루를 살자.'라는 마음으로 매일을 살았다. 나는 그렇게 세상을 향해 마음의 문을 열었다.

그리고 몇 년이 지난 후, 업무를 마치고 집에 가는 길에 서점에 들렀다가 『모닝 페이지로 자서전 쓰기』(랜덤하우스코리아)라는 책을 만났다. 작가를 배출하는 작가로 잘 알려진 송숙희 선생이 쓴 책이었는데, 6~7년째 매일 모닝 페이지를 쓰고 있던 나는 이 책의 제목만 보고도 마치 동지의 글을 만난 듯 반가웠다. 본문에서 저자 역시 모닝 페이지로 스스로의 마음을 다잡고 있었다.

"나 또한 우울하거나 분노하거나 슬플 때 글을 쓴다. 생각나는 대로 정신없이 쓰고 나면 설움 끝에 잔뜩 울고 난 것처럼 속이 후련하다. 흙탕물에 빠져 오물 범벅이던 정신을 맑은 물에 몇 번이고 헹구어

낸 듯한 느낌이 든다. 뇌가 감정의 지배를 받다가 글쓰기라는 과정을 통해 감정을 지배하는 상태로 바뀌는 것이다. 나아가 그러한 감정을 초래한 원인에 대해서도 사색하게 되고 해결방법을 찾는 과정에서 문제를 좀 더 깊이 이해하게 된다. 작가 이윤기의 말마따나 '글을 쓰는 일은 길이 없을 줄 알았던 곳에서 또 하나의 마을을 발견하는 일'이다."

(모닝 페이지로 자서전 쓰기, 송숙희, 랜덤하우스코리아, 71쪽)

나는 2년째 분당에 있는 한겨레 교육문화센터에서 매주 화요일 저녁과 수요일 오전에 일반인을 대상으로 '글쓰기 입문'을 가르치고 있는데, 6주 동안의 커리큘럼 속에 '모닝 페이지'를 넣었다. 내 경험담을 종교인의 간증처럼 들려주고 수강생들에게도 매일 모닝 페이지 쓰기를 권하고 있다. 반갑게도 10명 중 꼭 한두 명씩은 옛날의 나처럼 '모닝 페이지'의 매력에 푹 빠지곤 한다. 그들은 한결같이 모닝 페이지의 효과로 두 가지를 꼽는다. 글쓰기도 익히게 되고, 삶을 바라보는 자세도 달라졌단다. 40년 동안 청소년과 일반인을 대상으로 비전교육 강사로 활동해온 60대의 수강생은 "모닝 페이지를 하다 보니 글쓰기가 한결 편해졌다. 덕분에 나머지 인생에 글쓰기 친구를 얻었다."고 소감을 밝혔고, 두 자녀의 엄마인 30대의 주부는 "글쓰기로 수다를 떨고 나면 마음이 너무나 개운하다."며 활짝 웃는다.

모닝 페이지를 하면 마음이 개운해지는 이유는 무엇보다 '자기 고백' 때문이다. 그래서 모닝 페이지를 쓰게 되면 '진짜 나'를 글에 담는 방법을 배우게 된다. 글쓰기는 나와 내 생각을 표현하기 위한 수단이다. 그러므로 글쓰기에는 내가 담겨야 한다. 그래야 독자가 그 글이 진솔하다고 느끼고, 살아 있다고 여긴다.

3

글쓰기의 시작, 자기 고백

남의 이야기는 잘하다가도 막상 자기 이야기를 할 때면 머뭇거리며 말을 더듬는 사람이 있다. 반면 말을 잘하는 사람들을 살펴보면 남의 이야기보다는 자기 이야기를 더 많이 한다. 이 두 사람의 차이는 뭘까? 바로 자기 고백을 잘하느냐 못하느냐의 차이이다. TV 토크쇼에 출연한 연예인들의 감동적인 이야기도 자신의 치부를 드러내는 고백담이 대부분이다. 불우했던 어린 시절, 병을 앓고 있는 가족, 밥을 굶던 신인 시절, 참기 힘든 모욕과 수모의 순간 등 듣는 이로 하여금 가슴을 울리는 이야기는 결국 '그럼에도 불구하고 지금 이렇게 유명해졌다.'는 말로 끝을 맺으며 우리에게 희망과 감동을 준다(그들의 이야기가 너무 작위적이라고 느끼면 어쩔 수 없지만.).

어쨌든 내가 하고 싶은 말은 '진짜 나'를 드러낼 때, 평소 잘 보여주지 않았던 아픈 상처를 꺼낼 때 사람들은 그를 보다 친근하게 느낀다는 사실이다. 그렇기 때문에 비단 연예인뿐 아니라 수많은 리더들이(심지어 대통령까지) 자신의 불우했던 가정환경이나 불행, 심지어 자신의 과오까지 숨김없이 이야기하는 것이다. 특히 듣는 사람이 무색할 만큼 자신의 단점이나 취약점에 대해 담담하게 이야기하는 모습을 접하면 큰 감동을 느끼게 되는데 그 속에 진짜 '자기 고백'이 담겨 있어서다.

지난 해 여름 '글쓰기 입문'을 듣는 한 남학생으로부터 메일을 받았다. 매주 수업을 마칠 때면 글쓰기 숙제를 내주고 수강생들이 쓴 글에 대해 첨삭을 하며 이른바 '빨간펜 지도'를 했는데 숙제인 줄 알고 메일을 열었더니 뜻밖에도 '자기소개서'가 들어 있었다. 어느 호텔에 인턴사원으로 지원하기 위해 쓴 자기소개서인데 한 번 살펴봐달라는 부탁의 메일이었다.

그의 노력과 진심이 가상해서 처음부터 찬찬히 읽어봤다. 자기

소개서는 서슴지 않고 '100점'이라고 말하고 싶을 정도로 잘 썼다. 하지만 문제는 이 글을 읽는 내가 아무런 감흥을 느끼지 못했다는 점이었다. 화목한 가정에서 반듯하게 태어났고, 학교생활도 잘했고, 대인관계는 원만하다는…… 여느 취업 관련서를 찾아보면 있을 법한 전형적인 자기소개서였다. 미루어 짐작하건데 다른 지원자들과 이름만 다를 뿐 똑같은 내용일 것이 뻔해 보였다. 그래서 나는 답장에 이렇게 적었다.

"이번에는 지금 보낸 자기소개서와 전혀 반대의 글을 써보세요. 가족에게 닥친 불행, 당신의 단점, 못된 습관, 그리고 걱정거리까지 이런 내용들을 모두 적어서 다시 보내세요."

제출 시한이 임박했기 때문인지 다음 날 바로 내가 원하는 내용(하지만 회사가 봤더라면 깜짝 놀랄 내용)의 자기소개서가 왔다. 글을 읽다 보니 그제서야 수강생의 얼굴이 떠올랐다. 글이 살아 있다는 증거다. 그래서 나는 다시 다음과 같은 답글을 보냈다.

"수고 많으셨습니다. 마지막으로 이번에는 메일에 쓴 당신의 불행, 단점, 흉들을 어떻게 극복했는지, 그리고 극복하기 위해 어떤 노력을 하고 있는지 자세하게 쓰세요."

다음 날 온 자기소개서는 사람 냄새 풀풀 나는 멋들어진 자기소개서였다. 그 친구는 생각은 많은 대신 행동이 빠르고, 어머니를 대신해 신장이 나쁜 아버지를 정기적으로 병원에 모셔야 하기에 항상 한 과목은 '펑크'가 나는, 언젠가 부자가 되면 우리나라 낙도마다 도서관을 짓고 싶은, 밥은 두 공기를 먹어야 할 만큼 먹성이 좋지만 그래서 남들보다 더 열심히 하루를 산다는 그런 멋진 청년이었다. 약간의 첨삭을 더해 'OK!'라고 대답해 줬고, 며칠 후 청년은 무사히 대기업 호텔 인턴사원에 합격했다는 연락을 보내왔다.

지난 봄 글쓰기 입문 수업을 들은 여학생은 남자 친구의 자기소개서를 봐달라고 부탁했는데 역시 같은 방법으로 어느 대기업의 서류전형에 합격했다. 이들이 합격할 수 있었던 것은 내가 첨삭을 잘해서가 아니라 자기소개서에 '진솔하게 자신을 드러내서'다. 자신을 포장하지 않고 있는 그대로 드러낸 소개서가 과연 얼마나 되겠는가.

자기소개서는 다른 말로 '자기고백서'다. 그래서 장점의 나열보다는 단점을 가감 없이 이야기하고 이를 어떻게 극복하고 있는지 이야기한다면, '나는 개선의 여지가 충분한 사람'이라는 인상을 준다. 어차피 완벽한 사람은 없는 법. 이력서에는 적혀 있지 않더라도 사람의 단점은 언젠가 발견되기 마련인데 이때 개선의 여지가 있는 사람이라면 결국 시간문제일 뿐이지 않은가.

반면 회사의 입장에서 보면 자기소개서는 '떨어뜨리기 위한 트

집명세서'다. 늘 비슷한 글만 보다가 자기고백이 담긴 생생한 자기소개서를 만난다면 지원자가 매력적으로 느껴지고 궁금해질 것이다. 한마디로 "이 친구, 한번 보고 싶은걸."이다.

자기 고백은 훈련이다. 특히 단점이나 취약점에 대해 담담하게 이야기할 수 있다는 것은, 감정적으로 충분히 익숙할 만큼 많이 고민하고 연습했다는 증거다. 글쓰기를 통해 자기 자신을 정면으로 바라보고, 나의 내면 깊숙한 곳까지 바라본다면 '진짜 나'를 만나고 자연스럽게 나의 한계도 알게 될 것이다. 이렇듯 진짜 나에 대해 이해하고 화해할 때, 그때 자기 고백이 가능해진다. 모닝 페이지로 나를 드러내는 연습을 해보자. 그러면 지금껏 내가 쓴 글과는 전혀 다른, 자기 자신이 담긴 글을 쓸 수 있게 된다. 그리고 나를 담은 글쓰기가 가능해지면, 그때부터 글쓰기가 한결 편하고 즐거워진다.

4

글쓰기의 천적, 내면의 비판자

글쓰기를 할 때 가장 먼저 만나는 방해물은 바로 '내면의 비판자'다. 내면의 비판자는 글을 쓰다가 한 문장이 채 완성되기도 전에 '손발이 오그라들 정도로 소름이 돋아서' 마침표를 찍지도 못하고 지워버리든지, 글을 쓰는 중간마다 도대체 맞춤법이나 띄어쓰기가 맞는 것인지 의심스러운 생각을 들게 해서 사전을 찾고 싶어지게 만든다. 글을 쓸 때 내 속에 있는 내가 글을 쓰는 나에게 말을 거는 것처럼 느껴질 때 '내면의 비판자를 만났다.'고 보면 된다.

글을 쓸 때 내 귓가에 들리는 소리는, 예를 들면 다음과 같다.

"이게 뭐야, 이게 글이야? 웃기고 있네. 야, 야, 야! 집어치워라. 너는 띄어쓰기도 제대로 못하고, 마침표도 제대로 못 찍잖아. 이런, 맞춤법도 틀렸잖아. 자알 한다 잘해. 이렇게 하다간 한 줄 쓰는데 한 시간 걸리겠다, 쯔쯔쯧."

글을 쓰려고 할 때 내면의 비판자를 만나면 글쓰기는 더뎌지고, 자유롭게 글을 쓸 수 없을뿐더러 온전히 내 생각을 종이 위에 내려놓을 수 없게 된다. 글쓰기를 잘하려면 주제가 무엇이든, 소재가 어떻든 우선 머릿속 생각을 비우듯 아무 제약 없이 남김없이 글로 쏟아내야 한다. 그러므로 글쓰기를 잘하려면 자기검열을 하는 '내면의 비판자'를 우선 제거해야 한다. 『아티스트 웨이』에서는 이 '내면의 비판자'의 정체를 센서, 즉 '논리적인 뇌(좌뇌)'라고 말했다.

"센서는 논리적인 뇌의 운동이다. 논리적인 뇌는 선택을 하는 단정적인 뇌이다. 논리적인 뇌는 깔끔하고 직선적으로 생각한다. 논리적인 뇌는 세상을 기존의 범주 안에서만 이해한다. 예를 들면 논리적인 뇌에게 있어 '말(馬)'은 말을 이루고 있는 동물적인 요소를 조합한 것일 뿐이다. '가을 숲'은 가을 숲이 만들어내는 일련의 색깔들로만 비쳐질 뿐이다. 논리적인 뇌는 가을 숲을 보고 '빨강, 오렌지, 노랑, 초록'이라고 쓴다.

논리적인 뇌는 옛날이나 지금이나 우리가 생존하는 데 도움을 준다. 논리적인 뇌는 기존의 원리에 따라 움직이기 때문에 잘 모르는 것은 무조건 틀렸거나 위험한 것으로 여긴다. 논리적인 뇌는 똑바로 줄지어 행진하는 꼬마 병정 같은 것들을 좋아한다. 논리적인 뇌는 우리가 신중해야 할 때 특히 귀 기울이게 된다. 또한 논리적인 뇌는 우리의 센서이고 제2, 제3, 제4의 생각이다. 처음 쓴 원고를 보고 논리적인 뇌는 "도대체 이게 뭐야? 틀렸어!"라고 말한다."

(아티스트 웨이, 줄리아 카메론, 경당, 35쪽)

쉽게 말해 내면의 비판자는 늘 같은 일만 하는 '좌뇌의 목소리'다. 만약 당신이 습관적으로 하던 행동에서 단 1센티미터만 벗어나면 내면의 비판자는 목소리를 낼 것이다. 예를 들어 당신이 '아침에 일어나자마자 양치를 해야 하고, 8시 5분까지 지하철역에 도착해야 하고, 출근하면 꼭 커피 한 잔을 마셔야 하고, 10시 30분 정도 되면 화장실에 가서 볼일을 봐야 하는' 사람이라고 치자. 만약 당신이 이 중 하나라도 지키지 못하면 '내면의 비판자'가 이렇게 속삭인다.

"어이, 이봐! 시간이 지났잖아! 왜 커피를 마시지 않는 거야? 그러니까 정신이 맑아지지 않잖아. 얼른 마시라고. 빨리, 빨리!"

"아, 그것 참 이 사람 좀 보게. 점심식사 후 양치를 하지 않았잖아. 그러고 어떻게 오후를 보내려고 하지? 얼른 다녀오지 그래?"

좌뇌는 변화를 싫어한다. 다람쥐 쳇바퀴 돌듯 늘 하던 대로 행동하기를 원한다(반면 우뇌는 창조적인 뇌다. 그래서 변화를 좋아하고 추구하는 습성이 있다.). 조금이라도 궤도를 벗어나면 어김없이 경고를 보낸다. 그런 까닭이다. 글을 쓰는 당신에게 좌뇌가 말을 거는 이유가.

글은 잘 알던 것, 익숙한 것만을 쓰는 게 아니다. 새로운 발견, 새로운 기분 등 알고 있었지만 명확히 의식하지 못했던 일들을 쓰는 것이다. 좌뇌에게는 새로운 무엇이다. 당연히 좌뇌는 불안하다. 주어진 길을 벗어나려는 당신이 불안하다. 그래서 자꾸만 가로막는다.

모닝 페이지는 그래서 필요하다. 매일 3쪽에 걸쳐 모닝 페이지를 쓰다 보면 '내면의 비판자'를 잠재울 수 있게 된다. 쓰는 일을 습관으로 만들었기 때문에 이제는 도리어 쓰지 않을 때 나타날지 모른다. 또한 모닝 페이지는 누구에게 보이는 글이 아니기 때문에 잘못 쓴 것이 있을 수 없다. 내면의 비판자로서도 꼬투리를 잡을 게 없다는 말이다.

미국의 유명한 글쓰기 선생이자 작가인 나탈리 골드버그는 『뼛속까지 내려가서 써라』(한문화)라는 책에서 '모닝 페이지 쓸 때의 유의할 점'을 밝히고 있는데 여기에서도 논리적 사고는 버리라는 표현이 등장한다. 핵심은 머리가 아니라 가슴으로 쓴다는 사실이다.

1. 손을 계속 움직이라. 방금 쓴 글을 읽기 위해 손을 멈추지 말라. 그렇게 되면 지금 쓰는 글을 조절하려고 머뭇거리게 된다.
2. 편집하려 들지 말라. 설사 쓸 의도가 없는 글을 쓰고 있더라도 그대로 밀고 나가라.
3. 철자법이나 구두점 등 문법에 얽매이지 말라. 여백을 남기고 종이에 그려진 줄에 맞추려고 애쓸 필요 없다.
4. 마음을 통제하지 말라. 마음 가는 대로 내버려 두어라.
5. 생각하려 들지 말라. 논리적 사고는 버려라.
6. 더 깊은 핏줄로 자꾸 파고들라. 두려움이나 벌거벗고 있다는 느낌이 들어도 무조건 더 깊이 뛰어들라. 거기에 바로 에너지가 있다.

(뼛속까지 내려가서 써라, 나탈리 골드버그, 한문화, 26쪽)

결론적으로 매일 3쪽에 걸쳐 내 생각을 적어나가는 모닝 페이지는 당신으로 하여금 머릿속에 떠오른 생각을 아무런 제약 없이 종이 위(혹은 모니터)에 내려놓을 수 있게 하고, 글 속에 나의 고백을 담는 법을 알려준다. 내 생각을 글로 술술 풀어낼 수 있다면, 그래서 글을 쓰고 난 후 읽어봤을 때 온전히 내 생각이 글에 담겨 있는 것을 발견한다면, 글쓰기가 얼마나 즐거울까 한번 생각해 보라. 이건 경험해 본 사람만이 안다. 앞서 말한 것처럼 자기 고백은 훈련해야 할 수 있고, 모닝 페이지도 꾸준히 써야 글이 술술 써진다.

'어떤 행동을 습관이 들게 하려면 66일 동안 같은 시간에 꾸준히 해야 한다.'는 말이 있다. 인간은 습관의 동물이다. 다시 말하지만 연습의 결과는 '습관화'다. 이는 우리가 아침에 일어나서 세수를 하지 않으면 하루를 개운하게 시작할 수 없는 것과 같다. 하루에 단 한 단락이라도 글을 쓰지 못하면 허전해서 잠을 이루지 못할 만큼 글쓰기가 일상이 되어 있다면, 즉 글쓰기가 하루라도 빼놓을 수 없는 좋은 습관이 되었다면 당신은 글 쓰는 즐거움을 알게 된 것이다.

자, 이제부터 모닝 페이지를 써보자. 딱 두 달만 투자해보자. 글쓰기에 대한 두려움이 사라진다면 책과 더욱 가까워질 것은 불 보듯 자명한 일이다.

5

디지털 시대, 글쓰기의 중요성이 커졌다

앞서 말한 것처럼 나는 매주 10여 명의 수강생들에게 '글쓰기 입문'을 가르치고 있다. 직장인, 공무원, 주부, 대학생, 퇴직한 어르신, 초등학생, 중고등학생 등 다양한 직업군, 다양한 나이대의 사람들이 6주 동안의 강의를 들으러 나를 찾는다. 지난 4월에는 공기업인 한국산업진흥연구원에서 누적 인원 200명 정도의 연구원과 함께 6주 동안 글쓰기의 시작을 가르친 적도 있다.

수업을 시작하는 날이면 나는 어김없이 왜 이 수업을 듣게 되었는지 질문한다. 직장인의 경우는 대부분 업무에 필요한 보고서(기획서)를 잘 쓰고 싶어서 글쓰기를 배운다고 하고, 대학생은 시험이나 레포트를 잘 쓰고 싶어서, 주부들은 온라인이나 오프라인에 일상을 기록하는 글쓰기 능력을 키우고 싶다는 의견이 대부분이었다. 아울러 '콕 집어 대답하기는 어렵지만 글쓰기가 점점 더 필요해지는 시대가 온 것 같다.'고 대답한다.

그러면 나는 그들에게 '여러분은 시대의 요구를 제대로 읽은 분들이다.'라고 운을 뗀다. 아닌 게 아니라 오늘날은 직업과 세대를 막론하고 그 어느 때보다 '글쓰기'가 중요한 시대이다. 21세기 최첨단의 디지털 시대에 아날로그의 전형인 '글쓰기'가 중요해졌다는 것은 어쩌면 아이러니다. 하지만 이것은 엄연한 사실이고 나름대로 충분한 근거가 있다. 대면 접촉을 통해 친분을 맺던 20세기에는 '말하기'가 중요했다면 글로 대화하며 친분을 나누는 오늘날은 '글쓰기'가 중요하다. 관계 맺는 방식이 달라졌고, 말이 하던 역할을 글이 대신하기에 이르렀다는 얘기이다.

그래서일까. 오늘날 많은 사람들이 글쓰기의 중요성에 대해 이야기하고 있다. 『아프니까 청춘이다』(쌤앤파커스)를 쓴 김난도 교수는 책의 본문에서 '나는 당신이 어떤 일을 하든 반드시 익혔으면 하는 단 하나의 역량을 들라면, 나는 주저 없이 글쓰기 능력을 들고 싶다.'며 '흔히 글을 잘 쓰는 것은 작가나 학자의 덕목이지, 본인하고는 별 상관이 없다고 생각하는 사람들이 많은 것 같다. 특히 이공계나 예술계 쪽이라면 더욱 그렇다. 하지만 그렇지 않다. 오히려 언뜻 글과 멀어 보이는 전공자가 글을 잘 쓰면 대단한 시너지 효과를 낸다.'고 말했다.

박하식의 『이젠 세계인으로 키워라』(글로세움)에서도 하버드 대학교의 우수 졸업생들을 대상으로 기자들이 '앞으로 어떤 사람이 되고 싶으냐.'고 묻자 많은 사람들이 돈을 잘 버는 사람도 유명한 사람도 아닌, '지금보다 글을 좀 더 잘 쓰는 사람이 되었으면 좋겠다.'고 대답했다고 한다.

그래서 더더욱 글을 잘 쓰고 싶다는 사람들이 늘고 있는지 모른다. 달리 말해 글쓰기의 중요성이 커지면서 '나는 글을 잘 못 써.'라고 여기는 사람들이 많아진 것인지도 모르겠다는 얘기이다.

그러나 달리 생각하면 우리는 누구나 매일 글을 쓰고 있다. 편지함을 가득 채우는 메일에 답장을 보내고, 카카오톡이나 트위터와 같은 메신저를 수시로 활용한다. 어젯밤 본 완소 드라마의 홈피 게시판에 댓글을 달고, 내 홈피에 남겨진 일촌 신청에 응할지 말지를 고민한다. 이렇게 매일 글을 쓰면서도 '나는 글을 쓸 줄 모른다'고 말한다. 왜? 자신이 쓰는 글은 글이 아니라고 생각하기 때문이다. 글이 아니라면 그렇다면 무엇일까? 당신이 남긴 댓글, 덧글, 문자 메시지는 과연 글이 아니고 무엇인가. 말인가? 기호인가? 내가 보기에는 분명 글이다.

이 시대의 멘토라 불리는 이외수 선생은 140자로 제한된 트위터에 올렸던 트윗글 2000여 편의 글 중 수백 리트윗을 받은 323꼭지의 원고를 모아 엮어 『아불류 시불류(我不流 時不流)』(해냄)라는 에세이집을 냈다.

140자의 한정된 짧은 글이 사람 마음을 움직이는 훌륭한 매체가 될 수 있음을 알고 있는 사람이 한 명 더 있다. 바로 시골의사 박경철이다. 그는 트위터에서 툭툭 건드리는 트윗 하나 하나가 모여 대중 지성이 되고, 뜻을 함께하면 뜻밖에 무서운 영향력을 발휘한다는 사실을 직감하고 네이버 블로그를 떠나 2년 전 트위터에 자리를 잡았다. '두 줄도 길다.'는 일본의 단시(短詩) 하이쿠처럼 트위터에서 박경철이 던지는 촌철살인의 한마디는 네티즌들에게 배움과 깨달음으로 다가와 어록이 되었다.

정리하면, 스스로 인정하지 않았을 뿐이지 당신은 이미 기자이자 작가인 셈이다. 그리고 당신은 이미 글쓰기를 하고 있다. 다만 기존 작가와 차이점이 있다면 당신은 자신이 쓴 글을 글이라고 인정하지 않는다는 것뿐이다. 그렇다면 '나는 지금 내 글을 쓰고 있다.'고 느끼려면 어떻게 해야 할까?

나는 '독서의 완성은 실천이고, 실천의 시작은 리뷰 쓰기다.'라고 생각한다. 그래서 '독서 리뷰'로 글쓰기를 시작하라고 권하고 싶다.

'독서 리뷰'는 세상에서 가장 보편적이고 검증된 글쓰기 방법이다. 여러분은 학창시절 방학숙제로 독후감을 써 왔고, 대학에서도 책을 읽고 리포트를 작성했다. 기업에서도 이른바 독서 경영이라 해서 책을 나눠주고 독후감을 쓰도록 권장하고 있다. 1년에 몇 번씩 다양한 기관과 매체에서는 백일장이라는 이름으로 독후감 대회를 열고 있다(온라인 서점에서는 수시로 리뷰 대회가 열리고 있다.). 한마디로 가장 보편적이고 만만한 글쓰기가 독후감이다.

교육전문 작가 최효찬의 『5백년 명문가의 자녀 교육』(예담)을 살펴보면 이스라엘에서는 학교 교육에서 독서를 매우 중시한다고 한다. 그래서 아침에 등교한 학생들은 학교 도서관에서 자신이 읽을 책을 세 권씩 빌려오는데, 하루 동안 세 권의 책을 읽고 독서카드에 그 책의 요약문을 작성하기 위해서다. 한 학기가 끝나갈 무렵 도서관 사서 선생님은 학생별 독서카드를 분류해 학생의 관심 분야와 취미 등을 일러주고, 특정 책에 편중되거나 취약한 독서습관에 대해서도 꼼꼼히 짚어준다. 이처럼 꾸준하게 책을 읽으며 13년간의 의무교육을 마치면 대략 1만 권 정도의 책을 읽게 된다고 한다. 여기서 주목해야 할 것은 1만 권의 독서와 책의 요약문과 감상이 담긴 독서카드이다. 이쯤에서 내가 굳이 독후감 혹은 서평이라 말하지 않고 '독서 리뷰'라 부르는 이유를 말할까 한다.

6

책을 완전히 내 것으로 만들려면 리뷰를 쓰라

나는 온라인에서 활동하는 블로거, 요즘말로 내가 읽은 책의 소감을 온라인에 대고 말하는 북로거(book-logger), 혹은 북리뷰어(book-reviewer)다. 주로 경제경영과 자기계발에 관한 책을 읽은 후 리뷰를 쓰는데, 지금까지 약 900여 편의 리뷰를 썼다. 지난 2010년에는 운 좋게 교보문고로부터 제의를 받아 리뷰 모음집 『질문을 던져라 책이 답한다』(교보문고)라는 책을 낸 후 적지 않은 책에 공저자로 참여했고, 대학과 기업에서 독서와 글쓰기 특강을 하며 북 칼럼니스트로 활동하고 있다.

나는 '온라인 서평가'라고 불리는 것이 불편하다. 당신이 블로그나 미니홈피에 어제 저녁에 본 영화에 대해 말하고, 지난 주말 가족과 함께 다녀온 놀이공원과 맛집을 말하듯, 나는 내가 읽은 책에 대한 소감을 말하는 리뷰어이기 때문이다. 나는 박학다식하지 않고 전문적인 서평을 쓸 주제도 되지 못하거니와 아직도 책을 사서 읽는 목적이 책을 비평하기보다는 배우고 익히는 데 주력하고 있기 때문에, 사람들이 내 글을 '서평'이라 말하고 나를 일러 '서평가'라고 부르는 것이 불편하다. 그래서 나는 지금도 내가 쓰는 글을 서평이 아닌 '다시 읽는다'는 뜻으로 '북 리뷰(book review)'라고 말한다.

내가 책을 고르는 기준은 지극히 단순한데 나는 당장이라도 읽고 싶은 책을 선택한다. 다만 읽고 싶은 책을 모두 읽을 만큼 시간적 여유가 많은 편이 아니기 때문에 책을 고르는 데 신중을 기하는 편이다. 책 선택에 있어 가장 비중을 두는 부분은 바로 활용 가능성의 유무에 있다. 학문적 차원에서 접근하는 것이 아니라 지금 하고 있는 일과 경제생활에서 보다 나은 선택과 판단에 도움이 된다고 생각될 때만 책을 고른다는 얘기이다. 한마디로 나는 실용 독서를 하고 있는 셈이다.

리뷰를 쓰는 기준도 간단하다. 읽어서 좋았던 책에 대해서는 꼭 북 리뷰를 쓰는 편이다(내가 리뷰하지 않은 경우는 두 가지이다. 아직 읽지 않았거나 읽었지만 리뷰를 쓸 만큼 좋지 않았거나). 그래서 평균 한 달에 스무 권쯤 읽고 그 중 절반 정도 리뷰를 쓴다. 책의 선택에 신중했던 만큼 책을 읽고 난 후에는 책을 읽으면서 기억하고 싶은 것을 오래 남기려고 노력한다. 굳이 북 리뷰를 쓰는 이유도 적지 않은 비용과 시간 그리고 공력을 들여 정독을 했으므로 독서의 효과를 최대한 끌어올리기 위해서이다. 단언컨대 책을 완전히 내 것으로 만드는 가장 좋은 방법으로 리뷰만 한 것이 없다.

그렇다고 해서 내가 처음부터 작정하고 블로그에 리뷰를 올린 것은 아니다. 처음에는 '예병일의 경제노트'와 비슷하게 책을 읽다가 내게 필요한 구절들을 발견하면 이를 블로그에 베껴 쓰고 그 아래에 나름의 생각이나 평가를 조심스럽게 덧붙였다. 그러다가 점차 코멘트가 길어지고 양도 길어지면서 아예 책 전체를 제대로 소화하고 싶다는 생각이 들어 본격적으로 쓰게 된 것이 9년째에 이른다.

책이 양서인가 아닌가 하는 문제는 책에 있는 것이 아니라, '책이 어떤 독자를 만나느냐'에 달렸다고 생각한다. 아무리 좋은 책이라도 독자가 읽어서 어렵거나 지루하다면 그 책은 독자에게 결코 좋은 책이 될 수 없다. 한편 책을 많이 읽었거나 수준이 높은 독자라면 자신을 만족시킬 책을 만나기란 좀처럼 쉽지 않을 것이다. 그렇다고 해서 그들의 성에 차지 않는 책이라고 해서 과연 평범한 다른 독자들에게도 별로일까 하는 점에는 의문이 든다. 책은 제 수준에 맞는 독자를 만나야 한다고 나는 생각한다. 한마디로 책과 독자가 서로 궁합이 맞아야 한다는 말이다.

그래서 내가 쓰는 리뷰의 말미에는 내가 읽은 느낌, 평가와 아울러 글을 읽는 사람을 고려해 책의 수준과 용도를 가급적 말해주려고 노력한다. '이 책은 어떤 독자에게 어울릴 것 같다.'고 말하고, '저 책은 어떤 일에 종사하는 사람이라면 필요할 책이다.'라고 말해준다. 대학 시절 좋은 책을 읽고 나면 동생이나 후배들에게 책을 추천하거나 선물을 했는데 그때의 습관이 리뷰를 쓸 때도 남아 있는 것 같다.

내가 주로 읽는 경제경영서는 대한민국에서 별로 인기가 없는 편이다. 우선 어려운 책이 많고 재미도 없기 때문이다. IMF 이후 경제경영에 대한 관심이 높아졌다고 하지만 여전히 많은 독자들이 경제경영을 전공한 사람들의 전유물로 여기는 경향이 큰 것 같다. 그 때문인지도 모른다. 나는 독서 리뷰를 통해 내가 읽은 경제경영서를 널리 알리려고 노력한다. 내가 이 분야의 책을 처음 읽으려 했을 때 어떤 책을 읽어야 할지 정말 막막했기 때문이다.

대학 졸업 후 막 비즈니스를 시작했을 때, 당장 해결해야 할 업무에 필요한 책을 구하려고 처음 광화문 교보문고를 들어갔던 그 때의 느낌은 옛날 대학 시절 데이트 약속장소로, 또는 남는 시간을 소일하기 위해 들렀을 때와는 전혀 다른 느낌이었다.

과연 이 많은 책 속에서 내가 원하는 책을 찾을 수 있을까 하는 난감함에 빠져 잠시 현관입구에서 발을 떼지 못했다.

어렵사리 경제경영 코너를 찾아갔지만 '산 너머 산'이라고, 엇비슷한 제목의 책들이 서재 가득 꽂혀 있었다. 책을 몇 권 살펴보기도 전에 머리가 지끈 아팠다. 선뜻 선택하지 못하고 우왕좌왕하는 내 모습이 창피해져서 연신 엉뚱한 책들을 뒤지며 '도대체 어떤 책을 골라야 하는 거야?' 혼자 투덜거렸다.

난감한 상황은 여기에서 끝이 아니었다. 어렵게 책을 사왔지만 막상 읽어보니 무슨 말인지 도통 이해가 되질 않았다. '내가 너무 수준 높은 책을 선택한 걸까?', '내 이해력이 부족한 걸까?' 하는 의문에 빠져 자꾸만 읽던 곳을 되짚어 읽느라 책의 진도는 좀처럼 앞으로 나아가지 못했다. '너무 어려운데 그만 읽을까? 그래도 끝까지 읽어야 하는 것 아닌가?' 심란해져서 나중에는, 서점에 가서 책을 산 행동 자체를 후회할 정도였다. 처음 실용서를 접하던 그

때를 생각하면 지금도 머리가 아프고 손에 땀이 날 만큼 당시의 기분이 생생하게 살아난다.

이 세상에 완벽하게 아는 사람은 아무도 없듯 책 역시 진리를 찾기 위한 저자들의 고민을 적은 것일 뿐 완벽한 것은 없다. 하물며 나의 독서 리뷰가 독자들에게는 한참 부족한 글일 것이다. 하지만 나는 나를 위해, 그리고 최소한 내 리뷰를 읽는 독자들이 양서를 선택하는 데 조금이나마 도움이 되고자 오늘도 리뷰를 쓴다. 『성문종합영어』(송성문, 성문출판사)의 제2과, 동사의 시제 편, 단문해석에 영국의 수학자이자 철학자인 버트런드 러셀의 말이 실렸던 것으로 기억한다.

"내게 양서(良書, 좋은 책)를 알려주는 사람이 있었다면, 이렇게 오랜 시간에 걸쳐 시행착오를 하지 않았을 텐데……"

당시 이 글을 읽으며 나는 몸서리를 쳤다. 이 말 속에 내가 평생 할 일이 있을 것 같다는 생각이 들었다. 그리고 오랜 고민 끝에 나는 '양서를 쓸 주제는 못되지만, 양서를 알리는 사람은 될 수 있지 않을까' 생각했다. 그래서 나는 후학(後學, 나의 두 동생을 포함해서 아직 책을 읽지 못한)들의 시간과 비용을 덜어주고자 독서 리뷰를 쓰기 시작했다. 이렇게 약간의 사명감 같은 마음을 먹게 되자 나의 책 읽기와 독서 리뷰 쓰기는 더욱 광범위해지고 깊어졌다. 그리고 오롯이 혼자서 즐기는 독서 리뷰를 쓸 때보다 글쓰기가 더 즐거워졌다. 내가 지금까지 독서 리뷰를 꾸준히 쓸 수 있었던 것도 바로 이 즐거움 때문이다.

7

나는 첫 리뷰를 책에다 썼다

나는 첫 리뷰를 책에다 썼다. 독서에 대한 욕구가 간절했던 시기에 정작 돈이 없어 서점에서 서서 읽었던 기억 때문인지 모르지만 나는 가급적 책을 사서 읽었다. 읽고 싶은 책을 미리 기억해 두었다가 여유가 있을 때마다 서점으로 달려가 책을 샀다. 사고 싶은 책은 많았지만 주머니 사정이 넉넉지 못해서 몇 번이고 들었다 놨다 하며 책을 골라야 했다.

그래서인지 내 소유의 책이 생기면 꼭 치르는 의식이 있다. 책을 사면 책의 맨 앞장에 책을 구입한 날짜를 우선 적었다. 그리고 이 책을 왜 샀는지, 나는 이 책에서 무엇을 얻고 싶은지 간단히 적었다. 그리고 책을 산 그날의 일기를 두세 줄 적었다. 책을 읽다가 중요하거나 인상적인 대목이 나오면 줄을 치고 해당 페이지를 접었다. 중요도가 크면 종이를 크게 접었다. 읽고 있는 책의 주제나 핵심어를 발견하면 책 바깥으로 페이지가 보일 만큼 접었다. 그래서 책을 완독하고 나면 접은 부분 때문에 부피가 늘어나 항상 처음 책을 샀을 때보다 두께가 1.3배가량 두꺼워진다. 하지만 어쩔 수 없었다. 『메모의 기술』(사카토 켄지, 해바라기) 같은 책에서는 색 볼펜으로 중요도를 구분하고, 포스트잇을 붙여서 검색을 쉽게 하라고 하지만 나는 글을 읽는 도중에 다른 일을 할 시간이 없었다. 다른 것에 신경을 쓰다 보면 글을 읽는 맥락을 놓쳐버리거나, 읽는 재미를 잃어버리기 때문이다(나는 집중력도 별로여서 새롭게 집중하기가 여간 쉽지 않다.). 그래서 수많은 시행착오를 거치면서 찾아낸 나만의 방법이 이런 다소 무식한 방법이다.

책을 완독했다면 이젠 리뷰를 쓸 차례다. 리뷰를 쓰기에 앞서 저자 소개와 머리말(프롤로그)과 맺음말(에필로그), 그리고 책을 읽으면서 줄을 쳤던 부분과 접힌 페이지를 다시 읽는다. 그리고 책의 맨 뒷장에 15~20줄 정도로 독후감을 적는다. 핵심어와 책의 주제도 별도로 적는다. 리뷰를 쓸 때 특히 주안을 둔 것은 '저자가 이 책을 쓰려고 한 의도'를 찾는 것이다. '꿈보다 해몽'이라고 책은 독자에 따라 달리 읽히는 법이다. 하지만 최소한 저자가 이 책을 통해 무엇을 이야기하려고 했는지 그 메시지는 꼭 파악해야 한다. 그래야 옆길로 새지 않고 온전히 책을 소화하게 된다.

리뷰 쓰는 방법은 자유다. 책에 대한 평가도 자유다. 다만 저자가 책을 낸 목적은 꼭 알아두자. 혹시 책을 읽으면서 못 찾았거든 저자의 인터뷰 기사나 출판사 서평을 뒤져서라도 확인한 후 다시 책을 살펴봐야 한다(그렇게라도 메시지 찾는 방법을 익히도록 연습해야 한다.). 그리고 나는 결정적 한 문장을 찾으라고 권하고 싶다. 이 책의 전체를 아우르는 단 하나의 문장이 꼭 있다. 그 문장이 책 전체에 걸쳐 저자가 하고 싶은 말이자 그 책의 핵심문장이다. 이 문장을 찾는다면 당신은 그 책을 온전히 소화한 셈이 된다. 물론 쉽지 않을 것이다. 하지만 아무런 생각 없이 책을 읽는 것과 '결정적 한 문장'을 의식하며 읽는 것과는 천지차이다. 꼭 추천하고 싶은 독서 방법이다.

리뷰를 쓰면서 가장 뿌듯한 순간은, 저자들에게 감사 연락이 올 때이다. 그들은 대개 자신들이 전하고 싶었던 말을 제대로 짚어줬다는 점을 꼭 언급한다. 저자의 입장에서는 오랜 시간 동안 공

들여 쓴 책이 많이 팔리는 것도 기쁜 일이지만, '내 마음을 알아준 독자'를 만나는 것이 무엇보다 큰 즐거움이다. 온라인 서점을 통해 일부러 내 연락처를 알아내서 전화를 걸어오는 저자들도 있고, 블로그에 들려 방명록에 글을 남겨준 저자도 있다. 요즘은 트위터 쪽지로 감사의 DM이 오는 경우가 많다. 이렇게 리뷰를 통해 알게 된 저자도 꽤 많다.

지난 2011년 봄 구본형 선생의 신작 『구본형의 필살기』(다산라이프)를 리뷰한 적이 있다. 이 책은 저자의 자기계발 연구 결정체인 '필살기 프로젝트'에 자발적으로 참여한 15명의 실제 직장인들과 자영업자들의 생생한 체험사례를 토대로, 필살기 창조의 방법을 구체적으로 알려준 책인데, 앞서 익히 말했듯 존경하는 선생님의 책인 만큼 공을 들여 읽고, 리뷰를 썼다. 며칠이 지났을까, 출판사로부터 전화가 왔다. 『구본형의 필살기』를 일간지 등 주요매체에 광고하려는데, 내 리뷰 전문을 실어도 되겠느냐는 문의전화였다. 광고를 위한 회의를 할 때 구본형 선생께서 '리치보이(나의 온라인 닉네임이다)의 리뷰가 내 책을 잘 설명했던데, 그것을 광고에 실으면 어떻겠느냐.'고 제안했다는 것이다. 이 제안에 내가 거절할 이유는 하나도 없었다. 기꺼이, 오히려 영광이라며 흔쾌히 승낙했다. 북리뷰어로서 더할 나위 없이 행복한 기억, 평생 잊지 못할 일이었다.

이렇듯 책의 뒷장에 나름 공을 들여 리뷰를 쓴 후 날짜를 적어놓으면 비로소 한 권의 책을 모두 읽었다고 생각했다. 그리고 서재에 꽂아두었다. 책 읽는 재미에 한창 빠져 있던 그 시기에는 서재에 책이 하나둘씩 늘어가는 재미도 쏠쏠했던 것 같다. 더욱이 책에 리뷰가 들어 있으니 오롯이 '내 책'이라는 기분이 들어서 더욱 그랬던 것 같다. 언젠가 동생들이 내 책을 살핀다면 내 리뷰를 통해 책을 먼저 살펴본 후 책을 읽게 되리라 생각하기도 했고, 우습지만 먼 훗날 내 자식이 내 서재를 본다면, 온 서재가 내 독서노트라는 것을 알게 하겠다는 욕심도 부렸던 것 같다. 지극히 가소로운 생각이지만, 그때 나에게는 꽤 진지한 프로젝트였던 것으로 기억한다. 그런 치졸한 생각 덕분에 지금까지 내가 책을 읽고 있는 것은 아닌가 하는 생각도 든다〔영국의 작가 잭슨(Holbrook Jackson)은 '당신의 서재는 당신의 초상이다(Your library is your portrait.)."라고 말했다〕.

책은 주로 학교 앞 서점인 '건대글방'에서 구입했다. 나는 어디든 마음에 드는 곳이 생기면 단골로 삼고 애용하는 편인데(남대문 도깨비 안경점은 25년째 이용 중이고, 이발은 동네 미용실 원장 청년이 자리를 옮기면 쫓아다닐 정도다.), 건대글방은 대학시절부터 거의 15년간 다녔다. 단골이라고 오프라인 서점에서는 좀처럼 없는 할인(10%)

도 받았고, 혹여 무리하게 책을 구입하는 날이면 가끔 외상도 해줬다. 그때마다 나중에 사도 될 것을 굳이 외상으로 책을 사느냐고 어머니는 뭐라 하셨지만, 책을 두고 돌아서야 하는 그 마음만큼 견디기 힘든 일도 없었다. 강남으로 이사를 한데다 온라인 서점에서 책을 주문하면서 건대글방을 찾는 일이 뜸해졌고, 블로그에 리뷰를 올리면서 더 이상 책 속지에 글을 쓰지 않았다. 하지만 인터넷 덕분에 나는 더 많은 책을 읽고 리뷰를 쓰게 되었다.

8

내가 리뷰 쓰는 법

책을 즐기는 사람이라면 모두 그렇겠지만 나는 책을 유독 신중하게 고르는 편이다. 요즘 케이블TV 채널 몇 군데에서 책을 소개하는 프로그램에 출연하면서 수시로 온라인서점에서 책을 살피는 일이 많아졌는데, 흥미로운 책을 만나면 스마트폰으로 책 표지를 찍어두거나, 따로 적어두었다가 주말마다 오프라인 서점에 가서 맞선을 보듯 살펴본다.

많은 사람들이 온라인서점에서 책 고르기가 힘들다고 이야기한다. 내가 터득한 방법을 소개하자면 책 소개 하단에 있는 '출판사 서평'을 읽어보는 것이다. 출판사 서평은 일반적으로 편집자와 저자가 합의한 내용이기 때문에 책을 가장 잘 설명한 글이라고 생각해도 된다. 다소간의 과장은 있을지 모르지만 없는 얘기를 넣는 것도 아니고, 무엇보다 책의 핵심을 짧은 글 안에서 가장 잘 설명해준다.

내가 존경하는 인물 중 한 명이자 '개그맨의 원조'로 알려진 전유성 선생은 잘 알려진 다독가다(그는 몇 년 전 온라인서점 교보문고에서 '올해의 최다 구매자'로도 선정되었다.). 그가 책을 읽는 이유는 '심심해지고 싶지 않아서'라고 하는데, 나는 그가 책을 고르는 방법이 마음에 든다. 그는 베스트셀러를 주로 읽는데 그 중에서도 9번, 10번째 순위만 읽는다고 한다. 1등에서 8등은 항상 유행에 따라 바뀌는데 9등, 10등인 책은 오랫동안 바뀌지 않더라는 게 그가 밝힌 이유다. 즉 오랫동안 독자들에게 사랑을 받으니 필경 좋은 책일 거라는 그의 말에 공감이 간다. 농담하듯 얼렁뚱땅 쉽게 받아넘기는 말 같지만 좋은 책을 고르는 특별하고 명쾌한 답변이 아닐 수 없다.

'온라인서점에서 책을 잘 고를 수 있다면 굳이 오프라인서점에 들르지 않아도 될 것 아닌가.' 하고 또 반문할 것 같아 설명을 보텐다. 내가 책을 구입하기 전 오프라인 서점에 꼭 들르는 이유는 책이 아닌 나의 기호 때문이다. 나는 책, 다시 말해 종이책이라고 하는 물건으로서의 성질 그 자체를 무척 좋아한다. 책을 넘길 때 팔랑거리는 종이 소리와 질감을 좋아하고, 퀴퀴한 냄새도 좋아한다(어쩌면 활자 중독이 아니라 종이 중독인지도 모른다.). 흰 종이 위에 검게 박힌 촘촘한 글씨들을 보는 것도 좋다. 심지어 행간의 여백도 즐길 만큼 나는 책을 좋아한다. 그래서 맞선을 보듯 직접 확인해야 직성이 풀린다. 어떤 의미에서는 재확인이라고 해야 할 것이다. 그리고 당장 읽어야 할 책은 그 자리에서 구입하고, 조금 나중에 읽어도 될 책은 집으로 돌아와 온라인서점에서 구입한다. 책을 구입할 때도 맨 위에 놓여 있는 책이 아니라, 두세 번째 밑에 깔려 남의 손을 덜 탔을 것 같은 온전한 새 책을 굳이 빼내어 구입한다. 읽다 보면 접고 줄 치고 하느라 낡은 책이 될 운명이지만, 그래도 오랜 습관이라 어쩔 수 없다.

내가 책을 읽고 블로그에 리뷰하는 과정은 '책 뒷장에 리뷰를 쓸 때'와 크게 다르지 않다. 다만 온라인에 리뷰를 쓰면서 약간 달라진 것이 있는데 그것은 내가 '유혹하는 리뷰'를 쓴다는 점이다.

2010년 『질문을 던져라 책이 답한다』(교보문고)가 출간되기 전, 내 리뷰에 대해 지나치게 호의적이라는 댓글이 많았다. 심지어

'출판 관계자가 아니냐?'는 질문도 받은 적이 있다. 내가 봐도 내가 쓰는 리뷰는 호의적인 편이다. 그도 그럴 것이 나는 읽은 책이 별로 큰 배움이 없거나, 나를 흔들 무엇이 없었다면 그 책을 리뷰하지 않는다. '읽었더니 별로였다, 거지같았다' 하는 책을 굳이 시간 들여서 리뷰를 써야 할 필요를 느끼지 못한다. 바꾸어 말하자면 세상에는 아직 내가 읽고 리뷰해야 할 좋은 책이 차고도 넘친다는 이야기다. 그래서 나는 되도록 읽어서 좋았던 책을 '어디어디가 어떻게 좋았더라'는 식으로 리뷰해서 다른 독자들을 유혹한다.

내가 호의적인 리뷰를 쓰는 또 다른 이유가 있다. 작고한 영화평론가 정영일 선생의 영향이다. 나는 영화를 책 다음으로 좋아하는데 혹시 20여 년 전 KBS「명화극장」에서 영화 시작에 앞서 영화를 설명해주던 검은 안경테에 넥타이 없는 수수한 옷차림의 아저씨를 기억하는가? 그가 바로 영화평론가 정영일 선생인데 그는 매주 영화가 시작하기 전에 3~4분간 등장해서 낭랑한 목소리로 '이 영화의 좋은 점'을 설명하곤 했다. 때로는 "놓치면 후회할 영화"라 말했고, 어떤 때는 "죽기 전에 꼭 봐야 할 영화"라고 칭찬을 아끼지 않았다. 그는 평론가 중에서 '가장 보편적이고 대중적인 평론가'로 알려져 있다. 나는 출판계에도 정영일과 같은 평론가가 필요하다고 생각한다. 오늘날과 같은 출판물 과잉 시대에는 책이 너무 많아서 도리어 좋은 책 찾기가 힘들기 때문이다.

정영일 선생과 닮은 사람이 한 명 더 있다. 소설을 쓰기만 하면 영화화되는 비주얼에 강한 소설가, 김탁환이다. 그는 1994년 『상상』 여름호를 통해 등단한 비평가이기도 한데, 본격적인 비평가의 길로 들어섰을 때 한 가지 결심을 했단다. "이 책 꼭 읽지 마세요!"라는 글은 단 한 편도 짓지 않고 "이 책 꼭 읽으세요!"라는 글만 남기겠다는 것이 자신과 맺은 약속이었다. 그리고 그 약속은 오로지 자신의 눈과 가슴을 '뜨겁게' 달군 책들을 '칭찬'한 글들만을 모아 놓은 리뷰집 『뒤적뒤적 끼적끼적』(민음사)을 펴내며 결실을 맺기도 했다. 책 한 권마다 A4 한 장의 분량으로 모두 100편의 리뷰가 들어 있는데, 나는 그 책을 참 좋아한다(그는 요즘도 매주 토요일 SBS 라디오의 한 프로그램에서 '뒤적뒤적'이라는 코너를 통해 '오디오 리뷰'로 책을 칭찬하고 있다.).

한편 책을 쓰기 위해 책을 읽는 작가로 잘 알려진 다치바나 다카시의 리뷰도 대체로 호의적인 편이다. 그는 정보의 습득 차원에서 책을 읽는 경향이 있지만, 그의 리뷰가 우호적인 근저에는 더 큰 목적이 있다.

"정보의 중심은 그 책이 읽을 만한 가치가 있는가 없는가, 읽을 가치가 있다면 어떤 점에서 가치가 있는가 하는 점이다. 나는 그것을 가능한 한 요약과 인용을 통해 책 자체로 말하는 스타일을 취하고 있다. 개인적인 비평적 코멘트는 될 수 있는 한 비중을 줄이고 있다. 따라서 내가 서평을 쓸 때 글을 써 내려가는 것의 몇 배나 되는 노력을, 소개하려는 책을 고르고 요약하고 인용하는 과정에 쏟아부었다.
이렇게 글을 쓰는 목표는 책을 읽는 사람에게 그 책을 읽고 싶다는 기분이 들게 하여, 서점의 판매대에서 그 책을 발견하였을 때 펼쳐보도록 하는 데 있다. 책을 읽는 즐거움은 여러 가지가 있는데, 그 중에서도 '오호라' 하며 마음속에서 놀라움의 탄성을 지를 수 있게 하는 한 구절을 만났을 때의 기쁨이 가장 크지 않을까 생각한다. 내 서평에는 그런 작은 탄성이 몇 백 권 분량 이상으로 담겨 있으며, 정보량도 상당히 많은 편이라 자부한다."

(나는 이런 책을 읽어왔다, 다치바나 다카시, 청어람미디어, 216~217쪽)

책을 읽고, 글을 쓰는 것이 무척 재미있는 일이기도 하지만 때로는 무척이나 고독한 일이기도 하다. 그래서 나는 그 고독감을 떨치고자 '책을 이야기한 책', '글쓰기를 이야기한 책'을 구입해 저자를 벗 삼아 차와 함께 읽곤 한다. 얼마 전 읽은 책이 정말 좋았는데 앞서 언급한 바 있는 센다 타쿠야가 쓴『인생에서 가장 소중한 것은 서점에 있다』(에이미팩토리)를 읽을 때 나는 오랫동안 찾던 친구를 만난 기분이 들었다. 그 책을 읽다가 마치 내 머릿속을 들여다 본듯 내가 하고 싶었던 말들을 구구절절 활자로 옮겨놓은 것을 보고 크게 감동했다. 어느 구절을 읽다가 '옳지' 했다가, '옳거니' 했다가, '그렇지, 그래' 하기를 수도 없이 반복했다. 완독을 한 후에 또 다시 읽고는 그래도 성이 안 차서 아예 그 이가 쓴 책을 모두 구입해 그 중『어른의 공부법』(토트출판사)을 읽고 나서야 비로소 만족했다. 오랫동안 보지 못한 반가운 벗을 만나 밤새워 수다를 떤 기분이랄까. 말로는 다 설명 못한다.

『인생에서 가장 소중한 것은 서점에 있다』에 내가 호의적인 리뷰 쓰기를 하는 이유를 잘 짚어준 대목이 있었는데, 다음과 같다.

> "성공한 사람은 여간해서 비판도 잘 하지 않는다. 베스트셀러가 된 이유 즉 '좋은 점'을 찾는 데 바쁘다. '흠 잡기'나 '나쁜 점 찾기'는 유치원생도 할 수 있는 일이다. 하지만 '좋은 점 찾기'는 뇌를 풀가동해야 가능한 일이다. 더군다나 '좋은 점을 찾아서 자기 삶에 적용하기'는 더욱 더 큰 공력을 필요로 하는 일이다. 성공하는 사람이 모든 것

에서 '좋은 점 찾기'에 집중하듯이, 성공하고자 하는 사람의 독서 역시 '좋은 것을 남보다 더 먼저 찾고자 하는 것'에 집중되어야 한다."

(인생에서 가장 소중한 것은 서점에 있다, 센다 타쿠야, 에이미팩토리, 67쪽)

나는 자신의 서평으로 독자가 책을 읽고 싶게 만들겠다는 다치바나 다카시의 생각에 동의한다. 그리고 책의 좋은 점을 찾는 것이 비판하기보다 어렵다는 센다 타쿠야의 말에도 백번 공감한다. 내가 좋은 책을 먼저 만나 그 책을 쉽게 풀어줘서 가급적 많은 사람이 그 책의 진면목을 알고 따라 읽도록 하겠다는 것이 내가 리뷰를 쓰는 이유 중 하나다. 바라건대 당신도 '호의적인 리뷰'를 쓰시라. 읽어서 별로였거든 중간에 덮어버리거나 내다버린 후 아예 읽지 않은 척하시길. 굳이 안 좋았던 기억을 더듬느라 마음에 두 번 상처를 내지 마시길 바랄 뿐이다. 무엇보다 시간이 아깝다. 그 시간에 더 좋은 책을 한 권 더 만나시라.

9

리뷰 쓰기가 어렵다면, 베껴 써도 좋다

초등학교 시절부터 우리는 '독후감'을 써 왔다. 작문시간도 모자라 방학숙제까지 꽤 많이 썼다. 하지만 거의 대부분의 사람들이 '독후감'이라는 말만 들어도 고개를 절레절레 흔든다. 그리고 오랫동안 독후감을 써 왔음에도 불구하고 막상 쓰려고 하면 한 문장도 쓰지 못한다. 왜 그런 걸까?

그 이유는 우리가 독후감 쓰기를 숙제로 만났기 때문이다. 다시 말해 어린 시절 우리가 썼던 독후감은 선생님께 '검사'를 받아야 하는 글, 보여주기 위한 글이었다(이 점에 있어서는 일기 역시 마찬가지다.). 글쓰기는 말하기와 더불어 생각을 표현하는 중요한 수단이다. 그런데 우리의 글쓰기 거의 대부분이 '남의 검사를 받아야 하는 글쓰기'였다. 초등학교 때에는 독후감과 일기가 그렇더니 중고등학교 때는 논술이 그렇고, 대학에 와서는 리포트와 시험, 그리고 논문이 그렇고, 직장에 와서는 기획서와 보고서가 그렇다. 지금까지 우리가 만난 글쓰기는 모두 남에게 보여주고 평가를 받아야 하는 글이었다. 이렇듯 글쓰기라는 단어만 들어도 숙제와 점수를 연상하니 글쓰기가 반가울 리 없다.

그 점에서 독서 리뷰 쓰기는 절대 검사받을 필요가 없는 글쓰기다. 나는 독후감을 굳이 리뷰 쓰기라 말하겠다. 독후감에 트라우마가 있는 독자를 배려하는 의도도 있지만 독후감(讀後感)이라고 하면 무조건 감상을 적어야 한다는 강박관념이 있기 때문이다. 하지만 리뷰라고 하면 얼마나 쉬운가. 그저 다시 살피는(re-view) 마음으로 쉽게 접근하면 된다. 그렇다. 독서 리뷰 쓰기는 정말 쉽다. 심지어는 책을 읽다가 만난 놓치기 싫은 인상적인 구절을 베껴 쓰는 것도 리뷰가 된다.

당신은 학창시절부터 주옥같은 글이나 명언을 만나면 일기장이나 노트에 따로 적은 기억이 있을 것이다. 누가 가르쳐주지 않았는데 이렇게 기록하게 된 것은 '좋은 글'을 오랫동안 기억하고 싶다는 마음, 그래서 언젠가 딱 맞는 타이밍에 써 먹고 싶었기 때문이리라.

중학교 시절 나는 초등학교 동창이었던 여자 친구에게 크리스마스 선물로 비밀 일기장을 선물한 적이 있다. 작은 자물쇠와 열쇠가 달린 다양한 색상의 종이들로 만들어진 고급품이었다. 받아들고 꽤 좋아하던 그녀는 다음 해 그 비밀 일기장을 내게 돌려주었다. 돌려받는 그 순간, 나는 '아, 헤어지자는 것인가!' 하는 생각에 심장이 덜컥 내려앉는 것 같았다. 하지만 일기장을 열어보고 나는 너무 기뻤다. 종이색깔과 똑같은 형형색색의 펜으로 쓴 시(詩)와 노래 가사 그리고 명언과 명문(名文)들이 페이지마다 담겨 있었기 때문이다.

단지 남의 글을 옮겨 적은 것뿐인데 그녀가 직접 썼다는 이유와, 그리고 그것을 내게 줬다는 이유로 종위 위에 내려앉은 글들은, 페이지마다 적혀 있는 글자 하나하나가, 마치 그녀가 내게 말을 거는 듯했다. 그 후 몇 번의 이사로 결국 잃어버렸지만 그 비밀일기는 그녀가 좋아하는 팝송을 직접 녹음해준 카세트테이프와 함께 꽤 오랫동안 나의 보물 1호였다.

만약 당신이 책을 읽다가 베껴 쓴 적이 있다면 그 내용은 필경

'내가 평소 말하고 싶었던 내용을 명쾌하게 밝혀놓은 문장이거나 소름이 돋을 만큼 깨달음을 준 문장들'이었을 것이다. 그런 문장들을 만나면 결코 외면하기 힘들다. 그래서 노트나 특별한 공간에 따로 적어두는 것이다.

나는 이러한 글들도 리뷰가 된다고 생각한다. 왜냐하면 베껴 쓴 문장 속에 이미 '내 마음'이 들어 있기 때문이다. 이렇게 좋은 글을 베껴 쓰는 것을 초서(抄書)라 하는데, 다산 정약용 선생이 즐겨 하던 독서법이라고 한다. 초서가 일부 베껴 쓰는 것이라면, 책 한 권을 모두 베껴 쓰는 것을 필사(筆寫)라 한다. 필사는 소설가처럼 작가가 되려고 하는 사람들이 꼭 거쳐야 할 관문이기도 하다.

『베껴 쓰기로 연습하는 글쓰기 책』(타임POP)을 쓴 명로진은 본문에서 "글을 잘 쓰려면 정답은 베껴 쓰기다. 나보다 글을 더 잘 쓰는 사람의 글을 베껴 쓰면 된다. 왕도는 없다. 오늘 당장 소설가 김훈의 책을 모두 사서, 책 첫 페이지부터 끝까지 매일 세 쪽씩 베껴 써 보라. 1년 뒤, 당신은 김훈처럼 쓰고 있는 자신을 발견하게 될 것이다."라고 말했다. 베껴 쓰기는 글쓰기에 큰 효과가 있다.

베껴 쓰기의 정수로 통하는 필사는 오래 전부터 우리 생활에 녹아 있었다. 초등학교도 가보지 못한 우리 할머니도 독학으로 한글을 배워 필사를 하셨는데, 바로 성경책이었다. 권사님이셨던 할머니는 해질녘이 되면 성경책을 필사했다. 초등학교 1학년이었던 내가 보기에 돋보기 너머로 힘겹게 한 글자씩 베껴 쓰는 할머니의 모습이 안쓰러워 "할머니, 내가 해줄까?" 했다가 '부정 타게 말을 건다.'고 매도 많이 맞았다. 글쓰기가 틀렸다고 말해도 매 맞았다(맞을 만했다. 사실 나는 받아쓰기 시험에서 100점 맞아본 기억이 없으니까.). 나중에 모태신앙인 대학 선배에게 들은 이야기인데 목사님이 되려면 성경을 세 번쯤 필사해야 한다고 했다. 설교시간에 성경말씀을 좔좔 외우시는 모습을 보니 그럴 법도 하겠다 싶었다. 팔순이셨던 내 외증조모도 필사를 했다. 이 분이 베껴 쓴 건 불경(佛經)이었다. 마음이 심란할 때면 목욕재개를 하고 새 옷을 입고 허리를 곧추세운 후 『천수경』을 외며 한 구절씩 써내려갔다. 할머니는 '마(魔)가 범접하면 글씨를 틀린다.'며 한 글자마다 정성을 다하셨는데 항상 채 한 시간을 못 넘기고 교자상 옆으로 쓰러지듯 잠이 드셨다. 할머니는 필사할 때마다 마가 끼었던가 보다.

필사는 작가들의 대표적인 수련 방법 중 하나다. 우선 대한민국 대표 소설가인 조정래 선생은 이렇게 말씀하셨다.

"필사를 할 때는 마침표 하나도 똑같이 베껴 써야 합니다. 구두점 하나, 띄어쓰기 어느 것도 소홀히 해서는 안돼요. 바른 정자로 또박또박 곱씹으며 베껴 써야 합니다. 글을 잘 쓰고 싶은 사람에게 필사 연습은 아주 중요합니다."

많이 해보지 않고는 못하실 말씀이다. 명로진이 쓴 『베껴 쓰기로 연습하는 글쓰기 책』을 다시 살펴보면 베껴 쓰기 작가는 더 많다는 것을 알게 된다. 그 중 한국 작가들만 살펴보자.

『비트』, 『태양은 없다』를 쓴 시나리오 작가인 심산은 "소설가 지망생들은 저마다 '존경하는 소설가' 한두 명쯤은 있습니다. 그 작가의 작품 목록을 줄줄이 꿸뿐더러, 여러 번 읽어 보았고, 심지어는 필사 작업(베껴 쓰기)을 해 보기도 합니다. 저만 해도 대학 시절 조세희나 황석영의 여러 단편들을 베껴 써 보았습니다. 그들의 전(全) 작품들이 언제나 책상 앞에 줄줄이 늘어서 있었지요."라고 말했고, 『엄마를 부탁해』를 쓴 신경숙은 대학 시절 방학 때 소설을 읽다가 베껴 쓰기를 시작했는데, "그냥 눈으로 읽을 때와 한 자 한 자 노트에 옮겨 적어 볼 때, 그 소설들의 느낌은 달랐다. 필사를 하면서 나는 처음으로 '이게 아닌데……'라는 생각에서 벗어날 수 있었다. 이것이다. 나는 이 길로 가리라. 베껴 쓰기를 하는 동안의 그 황홀함은 내가 살면서 무슨 일을 할 것인가를 각인시켜준 독특한 체험이었다."고 산문집 『아름다운 그늘』에 썼다. 안도현 시인은 대학 시절 백석 시인의 시를 노트에 베껴 썼고, 『리딩으로 리드하라』의 저자 이지성은 글짓기 10년 가까이 '작가로서 가능성이 없다. 다른 일을 찾아보라.'는 말만 들었던 시절에, 2,500권이 넘는 책을 읽었고, 『태백산맥』을 비롯해 150여 권의 책을 베껴 써서 오늘과 같은 베스트셀러 작가가 되었다고 한다.

나도 필사를 꽤 했다. 필사는 주로 소설을 했다. 가장 최근에 한 것은 3년 전 여름 장마 때 방구석에 앉아 선풍기 틀어놓고 김훈의 『칼의 노래』를 필사했다. 그의 짧고 퍼석하고 거친 글은 독자로 하여금 마구 상상하게 하는 매력이 있다. 그가 꽃을 말하면 방안 가득 꽃내음이 났고, 바다를 이야기하면 비린내가 났다. 나는 좀처럼 없는 쉼표에 이르면 반드시 한숨을 쉬었고, 마침표에서는 긴 숨을 토했다.

김훈의 글쓰기는 투쟁처럼 느껴진다. '세 시간 동안 쉼표를 찍을지 말지를 고민하다가 내일 결정하기로 마음먹고 잠이 들었다가 새벽에 다시 깨어 쉼표를 찍고 다시 잠이 들었다'는 어느 작가의 고백처럼 김훈의 글은 문장 속 단어 하나, 쉼표와 마침표 하나에 각고(刻苦)한 고민의 흔적이 느껴졌다. 그리고 마침내 태어난 김훈표 문장 속에는 팍팍한 세상과 더 팍팍한 우리의 인생이 들어 있었다.

난 필사를 통해 작가들이 한 문장을 그려내면서 얼마나 많이 고민하는지 몸소 느꼈다. 김훈의 치열한 글쓰기에 대해 '세바시(세상을 바꾸는 시간 15분)'에서 강연했던 출판평론가 한기호 선생에게 들은 적이 있다. 내용인즉 김훈 선생은 "버려진 섬마다 꽃이 피었다."와 "버려진 섬마다 꽃은 피었다." 두 문장 사이에서 고민을 했다고 한다. 꽃이 피었다는 그냥 명사와 동사로만 이루어진 구조라 객관적 사실만 전달할 텐데, '꽃은 피었다'로 한다면 이것은 벌써 주관적 감정이 들어간 느낌이 든다는 것이다. 그러면서 하는 말은 "작가는 조사와 접속사 하나만 가지고 얼마나 목숨을 거는가? 글 한 줄을 위해서 이렇게 목숨을 건다."고 말했다.

필사를 하면 작가의 숨소리를 듣게 된다. 그리고 그가 왜 기어코 그 단어를 선택해야만 했는지도 깨닫게 된다. 필사에 몰입하게 되면 마치 빙의된듯 내 안에 작가가 들어와 함께 글을 쓰는 것처럼 느껴지기도 하는데, 이때가 필사하면서 얻는 최고의 기쁨일 것이다. 단 한 가지 주의할 점은 한 문장씩 머리에 담았다가 글로 써야 한다는 사실이다. 처음에는 쉽지 않지만 금방 익숙해진다.

베껴 쓰기 작가의 마지막 인물로 『아프니까 청춘이다』(쌤앤파커스)의 김난도 교수를 살펴볼까 한다. 그는 '글은 힘이 세다'는 제목의 글에서 자신의 필사 경험을 기록하고 있다. 그가 글을 잘 쓰고 싶었던 이유는, 대학생 때 좋아하던 여학생에게 편지를 쓰면서 '사람의 마음을 움직일 수 있는 글을 쓰는 능력을 갖고 싶어서'였다고 한다. 그의 고백을 좀 더 옮겨보면 다음과 같다.

"그 이후 좋은 글을 써보려고 많은 노력을 기울였다. 우선 시를 외웠다. 그 당시 집에서 학교까지 1시간가량 버스를 타야 했는데, 작은 카드에 시를 한 편씩 적어 넣고 버스 안에서 그걸 외웠다. 시인들의 글 솜씨가 내게 녹아들기를 간절히 기원하면서…… 물론 나는 시인을 꿈꾼 적도 없고, 그 이후 이렇다 할 시 한 편 제대로 쓴 적도 없다. 하지만 내 글에는 리듬감이 있어서 읽기 편하다는 칭찬을 간혹 듣는데, 그때 시를 외운 효과가 조금 남아 있는 것은 아닐까 혼자 생각한다.

나는 또 유명한 작가의 글을 끊임없이 옮겨 적었다. 그때의 버릇이 남아 지금도 문체가 좋은 글을 보면 이면지에 그대로 옮겨 적어본다. 컴퓨터로 치면 안 된다. 문장의 호흡을 길게 외워서 종이에다 펜으로 꾹꾹 눌러 베껴 적으면, 그 작가의 스타일이 내 가슴속에 그렇게 꾹꾹 흔적으로 남을 것만 같아서 그렇게 한다.

내가 가장 흉내 내고 싶었던 스타일을 가진 작가는 황순원이었다. 유학생활을 마치고 귀국하고 나서, 명사와 조사만 조합해 문장을 이뤄가는 영어식, 번역투의 내 문체를 고쳐보려고 그의 소설집을 거의 다 옮겨 적은 적도 있다. 이 방법은 제법 효과가 있었다. 처음에는 단지 흉내 내는 것에 그치지만 시간이 지나면 조금씩 체화되기 시작하고, 알게 모르게 글이 좋아지기 시작한다. 요즘 가장 흉내 내고 싶은 작가가 김훈이다. 간결하면서도 명징하고 힘 있는 그의 문장을 닮고 싶다. 마음 같아서는 『칼의 노래』 같은 책을 통째로 다 옮겨 적어보고 싶은데, 시간이 없어서 그렇게 하지는 못해도 그의 문투를 흉내 내려는 시도는 자주 한다. 쉽지 않다. 내공이 보통이 아닌 작가라는 생각을 새삼 한다."

초등학교 4학년 때 나의 미술 성적은 '양'이었다. 성적표를 본 아버지한테 호되게 맞고 문밖에서 꺼억 꺽 울고 있는 나를 본 옆집 사는 우리 동네 골목대장 재윤이 형은 내게 트레이싱 페이퍼와 만화잡지 『새소년』을 주며 매일 한 장씩 그림 위에 베껴보라고 말했다. 그 말을 따른 덕분에 초등학교를 졸업할 때 나의 미술 성적은 '우'였고, 중학교 2학년 때에는 미술부에 뽑혀 한국화를 그렸다.

글쓰기는 그림 그리기를 닮았다. 글쓰기 입문 수업을 할 때 수강생들에게 '초서와 필사'를 알려주면 대부분 깜짝 놀란다. 모두들 '아니, 베껴 쓰기에 이렇게 깊은 뜻이?' 하는 표정들이다. 그래서 강의 말미에 20분 정도 시간을 내어 직접 초서와 필사를 경험하게 한다. 수강생들은 마치 글을 처음 배우는 초등학교 1학년 아이처럼 진지하게 베껴 쓴다. 그들이 초서를 마친 후에 나는 그에 더해 초서를 한 후에 그 다음 줄에 '내가 왜 이 글을 따로 베껴 썼는가' 그 이유에 대해 쓰라고 권한다. 이유인즉 남의 글을 그냥 베끼면 인용이 되지만, 남의 글에 내 생각을 더하면 그 글은 내 글 속에 녹아들기 때문이다. 이만해도 훌륭한 독서 리뷰가 된다.

10

독서 리뷰의 네 가지 장점

첫째, 독서 리뷰는 궁리하게 한다

나는 궁리(窮理)라는 말을 좋아한다. 발음도 예뻐서 '궁니'라 읽히는 이 단어는, 일이나 물건을 처리하거나 밝히기 위하여 따져 헤아리고 이치를 깊이 연구하거나, 좋은 도리를 발견하려고 이모저모 생각하는 것을 말한다. 궁리라는 단어에 대해 새삼 '좋다'고 느낀 것은 10년 전 출판평론가 표정훈의 『책은 나름의 운명을 지닌다』를 읽을 때였다. 처음 제목에 끌려 읽은 책인데, 우선 저자의 필력에 놀라 표정훈이라는 사람에게 흠뻑 빠졌다. 그리고 이 대단한 책을 어디서 냈나 살피다가 궁리출판사를 알았다(궁리출판사의 책들은 조금 어렵긴 하지만 모두 좋다, 보증한다.).

외람되지만 나는 '궁리' 하면 생각나는 하나의 이미지가 있다. 바로 김탁환의 『천년습작』(살림출판사)이라는 책이다. 이 책은 글쓰기를 테크닉으로 파악하는 관점에 반대하고, 마치 진리를 찾아 헤매듯 고민하고 자신의 인생을 걸고 치열하게 글을 쓸 것을 권하는 일종의 글쓰기 특강 책인데, 나는 본문 내용이 아닌 이 책의 표지를 이야기하고 싶다. 왼손을 머리에 짚고 펜을 들고 백지를 바라보고 있는 김탁환의 모습이 딱 '궁리'다.

나는 이 그림을 보고 그가 무척 부러웠다. 표지 속의 그처럼 무엇인가에 그렇게 깊이 빠질 수 있다면 좋겠다고 생각했다. 그리고 그가 무슨 내용을 쓰기 위해 그렇게 궁리하고 있는지 궁금했다. 그래서 이 책을 읽으며 나 또한 그에 대해, 그리고 그의 글에 대해 궁리했다. 이를 계기로 나는 김탁환을 더 잘 알게 되었고, 그의 팬이 되어 모든 책을 찾아 읽었다.

그런데 이제는 골똘히 궁리하는 모습을 거의 매주 보고 있다. 글쓰기 입문 강의에서 수업을 할 때면 늘 만나는 모습이다. 뭔가를 쓰기 위해 고민하다가 갑자기 무엇이 생각났는지 바로 고개를 숙이고 끼적대는 수강생들의 모습은 참 보기 좋다. 이럴 때면 내 숨소리조차 소음이 된다. 침묵 속에서 궁리하고 내 생각을 지면에 내려놓는 모습, 정말 아름다운 모습이 아닐 수 없다.

궁리. 독서 리뷰의 장점을 들라면 나는 우선 궁리를 말하고 싶다. 독서 리뷰는 책 읽은 이를 궁리하게 한다. 그래서 '다 읽어서 좋았더라.'에서 그쳤을지도 모를 독서의 기쁨을 연장시킨다. 독서 리뷰는 읽은 이로 하여금 '뭘 읽었더라?' 궁리하게 하고, '글쓴이가 뭐라 했더라?' 생각해 보게 한다. 그리고 또 다시 '난 뭘 배웠더라?' 궁리하게 한다. 그 끝에 적는 것이 바로 독서 리뷰다. 한마디로 독서 리뷰는 '독서 후 궁리한 끝'이다.

클릭할수록 퇴화되는 뇌와 진화하는 인터넷의 불편한 관계

『생각하지 않는 사람들』로 살펴본 e-book의 한계

책이나 긴 기사에 쉽게 집중했었던 한 사람이 어느 날, 한두 쪽만 읽어도 집중력이 흐트러지고 안절부절못하고 문맥을 놓쳐버리기 시작했다. 그가 쉽게 몰입했던 독서는 이제 힘들어하는 뇌를 억지로 붙들고 다시 글에 집중시켜야 하는 '투쟁'이 되어버렸다.

세계적인 IT 미래학자이자 인터넷의 아버지라 불리는 니콜라스 카(Nicholas Carr)는 자신을 이렇게 만든 장본인은 바로 인터넷 때문이라고 말했다. 그는 이러한 경험을 바탕으로 '애틀랜틱Atlantic'지에 『구글이 우리를 바보로 만들고 있는가?』라는 글을 기고해 엄청난 파장과 함께 사회 각 분야에서 다양한 논의를 이끌어 냈다. 그리고 인터넷이 양산해 내는 얕고 가벼운 지식에 대해 경고하는 그의 글들은 급기야 『생각하지 않는 사람들(The Shallows)』(청림출판)이라는 책을 낳았다.

이 책이 담고 있는 주제는 다소 진부하다고도 볼 수 있다. 인터넷이라는 미디어에 대한 찬반양론은 어제 오늘의 일이 아니기 때문이다. 하지만 IT 전도사라 불리는 '니콜라스 카'가 인터넷이 가져온 부작용을 정면으로 비판하고 있다는 점, 그리고 인터넷의 부작용이 단순히 중독 수준을 넘어 인간의 집중력과 사색의 시간을 빼앗아버린다는 그의 주장은 당장 『생각하지 않는 사람들』을 집어 들게 했다.

또한 지금은 손 안의 작은 컴퓨터, 스마트 폰이 휴대전화의 패러다임을 바꾸며 전 세계를 강타하고 있는 오늘이 아니던가. '인터넷은 우리의 뇌구조를 바꾸고 있다'는 당찬 저자의 문제제기는 우리가 한 번쯤 깊이 논의해야 할 시의적절한 논제이기도 했다.

일찍이 마셜 맥루한은 『미디어의 이해』(커뮤니케이션북스)에서 전화, 라디오, 영화, 텔레비전과 같은 20세기의 '전자 미디어'에 의해 종이 인쇄물 등의 선형적 사고(linear mind)는 소멸할 것이라고 말한 바 있다. 하지만 니콜라스 카는 선형적 사고는 '전자미디어가 아닌 인터넷적 사고방식에 밀려나 구식이 되었다'고 말했다.

니콜라스 카는 또한 우리가 인터넷을 통해 얻는 정보와 지식을 활용하면서 '똑똑해지고 있다'는 느낌을 받지만 이것은 착각일 뿐, 실제로는 그렇지 못하다는 점을 지적한다. 다시 말해 인간의 지적 기량은 독서와 같이 대부분 오래 걸려 획득된 스키마에서 나오는데, 짧은 정보만을 섭취하게 하는 컴퓨터는 스키마 형성을 위한 뇌 능력을 감퇴시킨다는 것이다.

저자 역시 '읽기'에 관련해서 한때 언어의 바다를 헤엄치는 스쿠버 다이버였지만 인터넷 때문에 지금은 제트 스키를 탄 사내처럼 겉만 핥고 있다고 자평했다. 온라인에 넘치듯 많은 정보 속에서 살아남기 위해서는 '핵심만 재빨리 훑는 방식의 스타카토(staccato)식 읽기'에 익숙해지고, 생각하는 방식 또한 얕아질 수밖에 없다는 것이다.

내게는 '광서방'이라는 닉네임의 친한 블로그 친구가 있다. 그는 수년 전부터 이북(e-book)으로 책을 읽고 블로그에 리뷰를 올리는 이북 유저다. 광서방은 만날 때마다 '도서관을 넣어도 될 만큼 장서를 보유할 수 있고, 가볍고, 휴대가 간편하고, 중요한 부분은 잘라서 저장했다가 요약본도 만들 수 있고, 무엇보다 컨텐츠 가격이 종이책보다 저렴하다'는 등의 탁월한 장점을 손꼽으며 내게 이북을 권했다.

업무상 외출과 출장이 잦은 그에게 이북은 더 없이 소중한 플랫폼인 것만은 틀림없을 터, 하지만 기계치인 내게는 그렇지 못한 것 같아 그만두었다.

시도조차 안 했던 것은 아니다. 그의 말에 혹해 고액을 주고 단말기를 구입했지만, 채 한 권을 읽지 못하고 그만 포기하고 말았다. 한마디로 도무지 집중이 되지 않아 책을 읽을 수가 없었다. 애물단지가 되어버린 이북 단말기를 볼 때마다 '내가 구식 인간이라 종이라는 재질이 주는 빳빳하고 팔랑거리는 물리적 성질을 놓지 못하는가 보다'며 애써 자위했다.

하지만 니콜라스 카의 주장 덕에 내 생각은 새로운 전환점을 맞는다. '이북을 즐겨 읽는 광서방은 과연 내가 종이책을 읽을 때처럼 깊이 몰입을 할까?' 궁금했다. 그리고 그가 과연 전자책을 얼마나 만끽하고 있는지 궁금해졌다.

내가 뜬금없이 이북을 언급하는 이유는 오늘날 인터넷 비즈니스에서 뜨거운 감자로 급부상하고 있는 것이 이북 시장인데, 니콜라스 카는 최고의 지적 활동은 종이책과 같은 선형적 사고라고 말하고 있어서다.

그렇다고 해서 저자가 러다이트(Luddite)나 '과거로의 회귀'를 주장하는 것은 아니다. 다만 단어마다 달려 있는 링크와 멀티태스킹이 가능한 첨단의 이북이 과연 '미래의 책'이 될 것인가 하는 문제를 제기한 것이다.

결론적으로 저자는 이북에 대해 회의적이다. 그는 킨들이나 아이패드와 같은 기기의 최신 기능은 우리가 전자책을 선택할 가능성을 높여주겠지만 고요함 속에서 오래 집중하고 깊이 사색하게 하는 능력은 키워주지 못한다고 말했다.

한편 인터넷에 대한 저자의 반기는 구글(Google)에까지 이른다. 한마디로 구글을 쓰기가 편리해질수록 인간의 두뇌는 단순해진다는 것이다. 검색창에 첫 글자만 넣어도 완성된 검색어들이 인기도 순으로 제시된다. 읽기를 위한 사색이나 잠시의 침묵도 들어설 여지를 주지 않는 구글의 '편리한 검색'은 결국 클릭할수록 인간의 집중력과 주의력을 무너뜨리는 결과를 낳는다고 저자는 비판했다. 또한 책의 디지털화를 꿈꾸는 구글의 북서치에 대해서는 '구글에 있어 책의 진정한 가치는 정보 더미이며, 짧은 발췌문만 가득한 도서관'일 뿐이라고 말했다.

정보와 지식은 이미 차고도 넘친다는 것을 우리는 잘 안다. 하지만 우리가 정작 필요로 하는 것은 누구나 공유가 가능한 정보와 지식이 아니라, 거기에 시행착오라는 경험치가 더해져서 생긴 지혜, 즉 통찰력일 것이다. '오랜 시간의 몰입과 사색'은 경험의 밑거름이 되고, 선형적 사고의 독서는 통찰력이라는 지혜를 무수히 낳았다. 하지만 무수한 링크와 하이퍼텍스트로 이어지는 정보를 서치(search)하고, 스킵(skip)하고, 스캐닝(scanning)하며 얻어내는 이북 속에서 인간성의 정수인 통찰력을 얻을 수 있을까?

아마존 창업자 제프 베조스는 "종이책을 넘어서는 종이책을 만들 수는 없다. 따라서 종이책으로는 불가능한 무언가를 창출해야 한다."며 전자책 킨들(kindle)를 출시했는데, 킨들의 포지셔닝에 대해 "오랜 시간을 들여 읽어야 하는 책인 경우 사람들은 물리적 책을 원할 것이다. 하지만 때로는 자료 참고 목적으로 책의 일부 내용만 필요한 경우도 있는 법이다."라고 말한 바 있다. 나는 그의 대답에서 이북의 한계를 발견했다. 아울러 궁극적으로 우리를 궁리하게 하는, 그래서 제대로 독서하게 하는 책은 '종이책'이라고 나는 생각한다.

둘째, 독서 리뷰는 지혜를 낳는다

'포기하지 마라'의 대명사 윈스턴 처칠은 독서 후 성찰에 대해 '책은 많이 읽는 게 중요한 것이 아니라 독서한 내용 중 얼마나 자신의 것으로 소화해서 마음의 양식으로 삼느냐가 중요하다. 활용할 수 있을 정도의 깊이 있는 정신작용으로까지 이어지지 못한 독서는 오히려 빈 수레와 다를 바 없다.'라고 말한 바 있다(그가 '궁리'라는 말을 알았더라면 아마도 이 긴 문장은 단 두 줄로 줄었을 것이다.).

청년들의 멘토 안철수 교수 역시 저서 『CEO 안철수, 지금 우리에게 필요한 것은』(김영사)에서 자신의 독서 습관을 언급하면서 '책을 읽은 시간만큼 생각할 시간을 가진다.'며 '책을 읽고 나서 꼭 생각할 시간을 확보해야 그 내용이 내 것이 된다. 책을 닥치는 대로 읽고도 그만큼 생각을 하지 않는다면 인생을 낭비하는 것'이라고 말했다. 맹목적인 읽기를 경계하라는 뜻이다.

공자는 '학이불사즉망(學而不思則罔), 사이불학즉태(思而不學則殆)'라고 했다. 『논어』「위정(爲政)」 편에 나오는 이 구절은 '배우기만 하고 생각하지 않으면 사리에 어두워지고, 생각하기만 하고 배우지 않으면 위태로워진다.'는 뜻이다. 이 말씀에서 궁금해지는 것 하나가 있다. '좋다구, 읽었으니 그럼 나도 생각이란 걸 한번 해보자고. 그런데 생각하면 뭐가 생긴다는 거지?'

독서를 한 후 생각이 필요한 이유는 김치로 따지자면 숙성이 필요한 것과 같은 원리이다. 책을 통해 배우고 익힌 정보와 지식이 앞서 말했던 궁리를 거칠 때 나의 경험치와 배움이 더해져 숙성이 된다. 그러면 김치가 발효가 되어 김치가 제 맛을 내듯 정보와 지식은 지혜가 된다.

정보와 지식 + 경험치와 궁리 = 지혜

(information & knowledge) + (experience & thinking) = (wisdom)

정보와 지식은 네이버 '지식in'에서도 얼마든지 찾을 수 있지만, 내 경험치가 더해진 지혜는 그 어디에도 없는 온전한 내 것이다. 이 지혜는 바로 깊은 생각에서 비롯된다. 시골의사 박경철 원장도 『자기혁명』(리더스북)에서 '배우는 것이 벽돌이라면 생각하는 것은 쌓는 것이다. 벽돌을 아무리 많이 찍어내도 쌓지 않으면 집을 지을 수 없다.'고 말했다. 중국의 교양을 대표하는 시인 도연명은 글을 잘 쓰기 위해서는 "다독(多讀)하고, 다작(多作)하고, 다상량(多商量)하라."고 말했다. 즉 많이 읽고, 많이 쓰고, 많이 생각하라는 뜻이다.

그런데 도연명의 이 말은 순서를 살짝 바꿔보면 위와 같은 지혜의 탄생 과정이 된다. 즉 읽는 것이 인풋(In-put)이고, 쓰는 것이 아웃풋(Out-put)이라면, 생각하기는 아웃풋을 위한 과정(Process)이 된다. 아무리 훌륭한 글을 읽는다고 해도 생각하지 않으면, 훈련된 원숭이처럼 남이 말을 그대로 베끼기만 할 뿐 나만의 훌륭한 생각(지혜)은 결코 만들 수 없다.

마지막으로 생각의 중요성에 대해 강조한 좋은 책 한 권을 소개할까 한다. 바로 『빌 게이츠는 왜 생각주간을 만들었을까』(토네이도)이다. 이 책은 조금 극단적으로 표현해서 '디지털 시대의 생존자는 생각하는 자(thinker)가 될 것이다.'라고 단언하고 있다. 특히 이 책은 '생각의 시간'을 강조하고 있는데, 포춘 100대 기업과 미국 연방정부 조직들의 전략개발 프로젝트에 참여하고 있는 세계적 경영 컨설턴트인 저자, 대니얼 패트릭 포레스터는 기업과 비즈니스맨들의 성공을 좌우하는 핵심 열쇠는 '씽킹 타임(thinking time)'이라고 손꼽았다. 그리고 개인에 있어서도 일과 삶 전체적 흐름을 통찰할 수 있는 '생각의 시간'을 확보할 수 있다면 빌 게이츠처럼 '현명한 사람'이 될 수 있다고 강조한다.

마이크로소프트의 창업자 빌 게이츠는 1년에 두 차례 짐을 꾸려 인적 없는 호숫가 통나무집을 찾아가 2주일간 '생각 주간(think week)'을 만들어 생각에 몰입한다. 그는 '생각 주간' 동안 임직원이 제출한 프로젝트와 보고서에 열중하며 치열하게 미래를 준비한다. 빌 게이츠뿐 아니다. 세계 최고의 부자 워런 버핏은 1년에 50주를 생각하는 데 쓰고, 2주만 일한다고 한다. 소프트뱅크의 손정의 회장은 하루 10분 이상은 반드시 '생각하는 시간'으로 쓴다. 구글의 전 직원들은 '20퍼센트 타임제'라고 해서 업무 시간의 20퍼센트를 자유 시간으로 쓸 수 있는데 구글 뉴스, 애드 센스, 구글 맵스, 구글 어스, 구글 토크 등의 강력한 검색 엔진은 바로 이 시간을 통해 태어났다.

'은둔의 경영인'으로 잘 알려진 삼성그룹의 이건희 회장은 '신경영 선언'과 같은 큰 그림을 그릴 때면 예의 한남동 승지원에 들어가 몇 시간이고 꼼짝 않고 생각에 잠긴다고 한다. 종종 초밥 서너 개만으로 하루를 버티며, 생각에 빠지면 48시간 동안 잠을 자지 않기도 했다고. 그에게 있어 '사색의 시간'은 중요한 일과이며 에너지의 원천이다.

그런데 문제는 생각도 아무나 하는 것은 아니라는 사실. 생각에도 훈련이 필요한데, 그 중 제일이 바로 독서 리뷰라고 나는 단언한다. 정말이지 이만한 게 없다.

셋째, 독서 리뷰는 요점정리력을 키운다

어느 부유한 아랍의 왕이 똑똑한 신하 1만 명을 불러 '1년 안에 이 세상 최고의 진리를 알아오너라. 알아오지 못하면 3대를 멸한다.' 명했더니, 1년 되기 전날 100권의 책을 가져왔다. 그래서 '너무 많지 않느냐!' 인상을 썼더니, 1개월 만에 10권으로 줄여왔다. '그래도 많다!' 화를 냈더니, 다시 1주일 만에 1권으로 줄여왔다. 왕이 곰곰이 생각해 보니 계속 줄여오는 신하들이 괘씸했다. '처음부터 1권으로 가져올 수도 있었는데 나 가지고 논거야?' 하는 마음에 아예 '1시간 안에 한 문장으로 줄이라.'고 명했다. 그 놈의 왕, 게으른데다 얄궂기까지 하다. 그 후 이 세상 최고의 진리라 불리는 한 문장이 태어났으니, 여러분도 익히 아는 불멸의 금언, "세상에 공짜는 없다." 되시겠다. 이 이야기가 주는 교훈 하나는 "압축도 잘하면 성공한다!"일 것이다.

요약하거나 압축을 권한 책들이 꽤 많다. 『죽이는 한마디』(위즈덤하우스)는 25년차 언어의 연금술사 탁정언이 시장의 판도를 뒤집고 소비자의 마음을 사로잡은 '죽이는 카피 한마디'의 원리를 밝힌 책이다. 또 하나, 국내에서 기획 관련서의 최고봉으로 알려진 스테디셀러가 있는데, 『One Page proposal』(을유문화사)이 그것이다. 이 책만 생각하면 어느 영화의 한 장면이 떠오른다. 미국의 엠파이어스테이트빌딩의 맨 꼭대기로 출근하는 회장(영화에서 보면 직급이 가장 높은 사람이 꼭대기에서 근무한다.)에게 어느 젊은이가 투자제안서를 들고 엘리베이터 안으로 뛰어 들어와 '잠깐만 시간을 내 주실 수 있습니까?' 물었다. 회장님은 젊은이의 아래 위를 훑어보더니 이렇게 말한다.

"자네에게 주어진 시간은 내가 엘리베이터를 내릴 때까지의 시간이네. 할 말 있으면 해 보게."

채 1분이 되지 않아 띵 하는 소리와 함께 펜트하우스 층의 불이 켜지고 문이 열리자 회장님은 젊은이의 어깨를 툭툭 치며 '괜찮은 생각이군. 곧 연락하겠네.'라며 의미심장한 웃음을 던지고 사라진다. 홀로 남은 주인공은 주먹을 불끈 쥐고 어퍼컷을 날리는 포즈를 하며 '예스.' 하고 외친다.

현실에서는 있을 수 없는 일이라고 생각하겠지만 지난 2009년 2월 삼성중공업의 면접 때 일명 '엘리베이터 스피치'가 본격 등장했다.

어쨌든 『One Page proposal』의 요점은 '기획서는 철저하게 그 문건을 읽을 대상자(결정권자)를 고려해야 한다.'는 것이다. 그리고 기획서가 'One Page'여야 하는 이유는 우선 결정권자에게 강한 인상(어? 달랑 한 장이네? 한 번 읽어볼까?)을 심어주고 그러면서도 내용에서 강력하고 간결한 인상을 심어줘야 하기 때문이라고 말한다. 요컨대 한 장짜리 기획서는 작성하기 어려운 반면 그만큼 매력적이라는 말이다.

나는 요즘 매달 코오롱 그룹과 한국전력 사보에 독서리뷰 칼럼을 쓰고 있다. 내가 맡은 북칼럼은 보통 200자 원고지로 15장 내외(글자 크기 10으로 쓰면 A4 용지 2장 정도 된다.)로 지면이 한정되어 있다. 한마디로 책 페이지로 따지면 적게는 300페이지에서 많게는 500페이지짜리 경제경영서를 달랑 6페이지로 줄이고 게다가 책에 대한 평가도 더해서 쓰라는 소리다. '아니, 그 많은 걸 어떻게 6페이지에 구겨 넣지?'라고 묻는 독자가 있을 것 같아, 몇 번인가 언급했지만 마지막으로 한 번 더 말하자면, 리뷰를 쓰면서 드는 생각들은 다음과 같을 것이다.

우선 '내가 왜 이 책을 집었는고?' 밝혀야 한다. 어쩌면 가장 중요한 생각, 내가 이 책을 통해 찾고자 하는 해답에 대한 질문인 셈이다. 두 번째는 '이 책을 쓴 사람이 누구더라?'일 것이다. 국적과 나이, 학력 등 글쓴이의 면면을 먼저 살피면 책의 전체적인 내용을 이해하기가 한결 쉽다. 특히 생김새를 안다면 글이 말처럼 들려서 더 잘 읽힌다(최소한 난 그렇다. 그래서 나는 리뷰에 저자의 모습을 이미지로 남기고 있다.).

다음은 '저자가 뭐라고 했던가?'일 것이다. 나는 독후감이나 서평이라 하지 않고, 독서 리뷰라고 부른다. 말 그대로 '읽은 책 다시 들춰보기'다. 그러니 형식에 구애받지 말고 내가 새롭게 알게 되고, 배우고, 느낀 바를 적으면 된다. 나름의 코멘트를 더하면 더욱 좋다. 책을 읽으며 가장 인상적인 구절이나 문단 두어 개와 이 책의 주제에 해당하는 부분(주로 프롤로그와 에필로그에 있으니 다른 곳에서 헤매지 말고, 먼저 이곳에서 찾자.)을 옮겨 적으면 '친절한 리뷰' 소릴 들을 것이다. 마지막은 독서 리뷰의 하이라이트인 '난 이 책으로 뭘 느꼈더라?'이다.

이런 식으로 쓰면 누구한테 내놔도 욕먹지 않고, 혹시 엘리베이터에서 사장님을 만나더라도 책 한 권을 1분 안에 설명할 수 있게 된다. 물론 처음부터 가능하리라는 생각은 버리자. 책 읽고 리뷰하기를 10번 정도 하면, 어느 정도 감이 오고 다른 사람들이 쓴 리뷰도 곁눈질하고 출판사 서평도 벤치마킹하면서 30편 정도 쓰다 보면 실력이 부쩍 늘 것이다.

덧붙여 부탁하건데, 뭘 써도 좋고 얼마만큼 써도 좋으니 제발 '난 이 책을 읽었더니 이런 걸 알았다, 배웠다, 좋았다' 등으로 글을 마치자. 제발 부탁이니 '나도 작가처럼 어떻게 해야겠다.'고 반성문처럼 쓰지 말고, '어떻게 해보겠다고 다짐해 본다.'고 웅변처럼 마무리 짓지 말자. 요즘은 초등학생들도 이렇게 안 쓴다. 리뷰는 정답이 없다. '나는 이렇게 읽었다.'고 말하면 그게 장땡이다. 하니, 겁먹지 말고 맘껏 쓰자. 대신 생각을 담아 쓰자. 그것만 신경 쓰면 된다. 이렇게 리뷰를 쓰고 나면 당신은 '겁나게 많은' 생각을 했다는 걸 알게 된다.

『나는 이런 책을 읽어왔다』(청어람)에 있는 다치바나 다카시의 대답으로 요점정리력을 키워주는 독서 리뷰에 대해 마무리할까 한다.

"나는 대학을 졸업하면서 문예춘추사에 입사하였다. 당시 굉장히 무서운 상사가 있었는데, 어느 날 어떤 책이 화제에 올랐다. 그 책을 아직 읽지 않은 상사는 내가 이미 읽은 사실을 알자 즉시 "잘됐네. 이봐, 그러면 이 책이 어떤 책인지 3분간 설명해 보게." 하며 나를 가리켰고, 나는 시키는 대로 설명하였다. 화제에 올라 있는 책이 주변의 일상적인 출판물이든, 마르크스 관련 서적이든, 플라톤이든 언제나 마찬가지였다(3분이 5분으로 늘어난 적도 있었지만 그 이상의 시간은 주지 않았다). "그렇게 간단하게 그 책을 요약한다는 건 불가능합니다."라는 식으로 말하려고 하면, 바로 "어리석긴! 이봐, 무슨 책이든 그것이 어떤 책인지 3분(혹은 5분)이면 다 알 수 있는 법이야.

전부를 요약하지 않아도 그것이 어떤 책인지 그 내용의 농축된 포인트 정도는 파악할 수 있는 거야. 그렇게 하지 못한다면 자네가 바보거나 그 책의 저자가 바보거나 어느 한 쪽이 바보인 거지."라며 여지없이 핀잔을 듣기 일쑤였다. 이런 훈련 덕분에 나는 책 내용의 농축된 포인트만을 정확하게 파악하여 요약한 후 전달하는 일을 꽤 잘할 수 있게 되었다. 또한 정보를 압축하는 일은 하려고 들면 생각보다 훨씬 잘할 수 있다는 것과 모든 작업실에서 일반적으로 필요로 하는 능력이 바로 여기에 있다(가능한 한 정보를 밀도 있게 압축하여 포인트를 단 시간 내에 전달한다)는 것을 배웠다."

(나는 이런 책을 읽어왔다, 다치바나 다카시, 청어람, 217~218쪽)

넷째, 세상 보는 눈이 밝아진다

"외국어를 알면 한 인생을 더 사는 것이다." 고등학교 영어 선생님께서 해주신 말이다. 외국어를 알면 그 나라의 역사와 문화, 그리고 풍습을 알게 되니 인생이 두 배로 늘어난다는 말이다. 그렇다면 제2 외국어도 잘한다면? 세 배가 될 것이다.

그런 점에서 영어는 대학을 들어가기 위해 점수를 높여야 하는 과목이 절대로 아니다. 그냥 우리말을 하듯 영어를 매일 생활 속에 녹여 체득해야 한다. 불행히도 나는 영어를 잘 못한다. 차라리 아예 못하면 도리어 속이 편할 텐데, 어중간한 실력 때문에 늘 마음을 다친다. 요즘 들어서는 사무치도록 속이 상한데, 이유인즉 TED 때문이다. 전 세계에서 일가(一家)를 이룬 사람들이 강의를 한다는 지식인의 축제 TED를 모르는 사람 없을 것이다. 하지만 난 알기만 할 뿐 내 힘으로 강의를 직접 들을 수 없다. 친절한 누군가가 우리말 자막을 올려주지 않으면 난 명강사들의 훌륭하지만 빠른 말을 하나도 알아듣지 못한다. 하지만 영어를 잘한다면 아무런 제약 없이 TED를 들을 수 있을 테니 그는 나보다 인생을 두 배나 더 살고 있는 셈이 될 것이다. 그래서 난 영어를 잘하는 사람들이 부럽다.

그 점에서 독서는 외국어와 닮았다. 책은 저마다 하나의 세상을 가지고 있다. 책 한 권을 읽으면 한 세상을 더 만나는 것과 같고, 한 사람의 인생을 더 사는 것과 같다(우리는 이를 두고 '간접 체험'이라고 말한다.). 책을 읽은 오늘의 나는 책을 읽기 전의 나와 이미 다른 사람이 된다. 책을 읽으며 키운 생각은 사람도 한 뼘 더 키우고, 그래서 조금 더 커진 사람은 세상을 더 넓고 깊게 바라보게 된다. 독서 리뷰는 이것들을 완성시킨다. 한마디로 독서리뷰는 세상을 보게(see) 하는 것이 아니라 보게(look) 한다.

예를 들어 보자. 학교에서 돌아와 친구와 놀려고 막 나가려는데 아버지가 뒷산 약수터에 가서 물을 떠오라고 시켰다. 당신은 아무 생각 없이 가장 잰걸음으로 약수터를 향해 달리듯 걸어갔다가 바로 약수를 담고 돌아올 것이다. 혹시 물을 뜨러 가는 길에 같은 방향으로 물통 든 사람을 만난다면, 그들은 내가 앞서야 할 경쟁자다. 한 사람만 물리치면 5분을 빨리 돌아갈 수 있다는 생각에 당신의 걸음은 더욱 빨라질 것이다. 그렇게 서둘러 20분 만에 돌아왔다.

하지만 이런 경우는 어떨까? 며칠이 지난 후 아버지가 자전거를 타다 넘어져 자리에 눕고 말았다. "얘야!" 불러서는 이번에도 뒷산에 있는 약수터에 가서 물을 떠오라고 시키는데 조건이 다르다. "뒷산이 보고 싶은데 내가 갈 수 없으니, 네가 물을 뜨러 가면서 잘 살펴보고 내게 이야기해 다오." 하시며 돈 천 원을 주신다. 당신은 천천히 약수터 가는 길을 걸으며 주변 풍경을 눈 속에 담으려 할 것이다. 신기한 것은 주의 깊게 보니 예전에는 보이지 않던 큰 바위나 길가의 예쁜 야생화가 눈에 띈다. 약수터에서 내려다보이는 우리 집이 손톱만큼 조그맣게 보인다는 것도 오늘 알았다. 지지배배 울어대는 새소리도 싫지 않았다. 당신은 되도록 모두 기억하려 애썼다. 집에 가서 아버지께 잘 설명하면 돈 천 원을 더 줄

지도 모르니까.

독서 리뷰를 하고 나면 약수터 가는 길을 눈에 담은 것처럼 세상을 보는 눈이 두 배 정도 더 뚜렷하고 밝아진다. 그리고 꽤 오랫동안 기억할 수 있게 된다. 글로 쓴 기억은 오래 지속되기 때문이다.

앎이 주는 시야는 놀라움이자 기쁨이다. 내가 초등학교 5학년 때 남동생이 태어났다. 그래서 나는 함께 생활하면서 동생의 성장 과정을 모두 지켜볼 수 있었다. 동생이 한 살이 되던 어느 날이었다. 잘 썰어놓은 토마토 위에 티스푼으로 설탕을 솔솔 뿌리고 있었는데 동생이 그 모습을 지켜보고 있었다. 나는 별 생각 없이 설탕 반 스푼 정도를 동생 입에 넣어주었다. 그랬더니, 동생이 금방이라도 쏟아질 것 같은 큰 눈으로 입을 떡 하니 벌린 채 10초 정도 굳어 있었다. 나는 동생이 잘못된 줄 알고 깜짝 놀라 어찌할 줄을 몰랐다. 엄마의 화난 얼굴이 떠오르고 죽었다 싶었다. 그런데 10초 정도 지나자 동생의 표정이 바뀌었다. 야릇한 미소를 짓더니 뭐가 그리 좋은지 깔깔 대고 웃었다. 아기는 천사를 닮았다더니, 웃는 모습이 그림 속 천사 같았다. 나는 그 모습이 너무 재밌고 보기 좋아 한동안 새로운 음식만 생기면 입에 물려주곤 했다. 그러면 동생은 어김없이 왕방울만 한 두 눈으로 떡 하니 입을 벌렸다. 그리고 기대했던 함박웃음을 하며 입술을 핥았다. 단, 오렌지는 빼고.

어린 동생의 까무러칠 듯한 웃음이 난생 처음 새로운 것을 만난 동생 나름의 표현이었다는 것을, 나는 20여 년 후 어느 다큐멘터리를 통해 알았다. 그때 동생은 난생 처음 설탕 맛을 보고 황홀경에 빠졌던 것이다. 그렇다. '아침에 도(道)를 들으면 저녁에 죽어도 좋다.'는 공자의 말처럼 뭔가 새로운 것을 알게 되면 그게 기쁘고 즐겁다. 특히 내가 잘못 알고 있던 것을 새로 깨치면 더할 나위 없다.

새로운 것을 알고 난 이후 만나는 세상은 조금씩 다르게 보인다. 많이 알면 알수록 세상 사는 맛이 더 좋은 이유가 바로 그 때문이란다. 한 20~30년 살아보니 무어 그리 새로울 것이 있겠냐 싶겠지만 이 책 저 책 읽고 글을 쓰다 보면 하루에도 몇 번씩 입이 쩍 하고 벌어진다. 무엇보다 당신에게 뭔가를 써내려간다는 즐거움은 아직 맛보지 못한 '설탕'이 아니던가. 어떤 사람은 아예 읽지 않고, 어떤 사람은 읽기만 한다. 그런데 당신은 읽고 또 읽은 걸 글로 풀어낸다면? 게임으로 치면 'You win!'이다.

11

공짜로 책을 읽고 싶다면, 리뷰를 써라!

대학에서 특강을 할 때 대학생들에게 '왜 책을 읽지 않느냐'고 물으면 열에 아홉은 '돈이 없어서'라고 답한다(직장인들은 '시간이 없어서'였다.). 충분히 이해는 간다. 주머니는 가벼운데 책값이 1만 5천원을 넘으면 부담이 꽤 클 것이다. 그래서 적지 않은 학생들이 학교나 지역에 있는 도서관에서 책을 빌려 본다고 한다.

그런데 도서관에 간다고 해서 내가 보고 싶은 책을 늘 빌려볼 수 있는 것은 아니다. 내가 읽고 싶은 책은 남도 읽고 싶은 책일 가능성이 높기 때문이다. 특히 새로 나온 책, 혹은 베스트셀러나 유명한 책은 더 그렇다. 돈 들이지 않고 마음껏 책을 읽는 방법은 딱 하나, 15년 전 내가 그랬던 것처럼 서점에 가서 읽는 수밖에 없다. 하지만 이 역시 예전의 나처럼 시간 많은 백수에게만 한정된 특혜가 아니던가. 그렇다면 시간 없고 돈 없는 젊은이들이 책을 마음껏 읽을 수 있는 방법이 없을까?

앞서 내가 언급한 독서 리뷰 쓰는 법을 잘 숙지하고 있다면(단, 여기서 베껴 쓰기는 제외한다.), 그리고 독서리뷰를 쓸 용기만 있다면, 당신은 따끈따끈한 신간을 마음껏 읽을 수 있다.

독서 리뷰로 책을 선물하는 서평 이벤트

우리나라에는 한 해 약 40,000여 권의 책이 출간된다고 한다. 그런데 대부분의 출판사들은 이 따끈따끈한 신간을 세상에 알릴 방법이 딱히 없다. 중소 출판사들이 일간지나 TV에 광고를 낸다는 건 언감생심, 꿈도 꾸지 못할 일이다.

가장 보기 좋은 모습은 몇 년 전 『해리 포터』가 출간될 때처럼 독자들이 책이 나오기만을 줄서서 기다렸다가 책을 사는 것일 텐데, 그런 책들은 10년에 1번 출간될까 말까 한 대작들이다. 게다가 책이란 아이들 껌이나 아이스크림을 사듯 겉모습으로 쉬이 판단할 수 있는 게 아닌지라 일부 유명 작가들의 책을 제외하고는 신간이 세상에 널려 알려지기란 쉽지 않다. 게다가 앞서 언급한 것처럼 왕성하게 책을 읽어야 할 젊은이들은 시간이 많은 대신 돈이 없고, 비즈니스맨들은 돈은 있는 대신 시간이 없으니 책이 잘 팔릴 수가 없다.

당신이 읽는 일간지나 무가지에 실린 책 광고는 그나마 광고를 할 수 있는 여유가 있는 출판사가 누릴 수 있는 특권이고, 나머지는 독자를 만날 기회도 제대로 얻지 못하고 몇 달 안 가서 곧바로 서점에서 흔적도 없이 사라지거나 고작해야 서점의 책꽂이로 들어가 3~5년 된 다른 책에 묻혀버리곤 한다. 사정이 이렇다 보니 출판사로서는 책을 알리기 위해 다양한 활로를 찾는다.

이 가운데 하나가 포털 사이트나 카페, 온라인 서점에서 벌이는 서평 이벤트다. 많은 중소 출판사들이 새 책이 출간되면 포털 사이트의 대표 북리뷰 카페에 후원사가 되어 회원들에게 신간을 5~15권 정도를 선물한다. 조건은 책을 수령한 지 2~3주 내에 블로그와 온라인 서점에 서평(독서 리뷰)을 올린다는 약속이다. 방방곡곡에는 알리지 못할망정 온라인에서라도 알리고 싶은 출판사들의 소망에서 나온 방법이다. 아울러 책이 나온 지 꽤 오래 되었는데 리뷰 하나 없다면 편집자나 작자가 '우리 책이 독자들에게 어떻게 느껴졌는지' 전혀 알 길이 없어 다음에 책을 낼 때도 어려움이 있다. 그래서 출판사는 이런 저런 이유로 공짜로 책 선물을 보낸다. 알아두어야 할 것은 이 작업 역시 출판사에는 만만치 않은 비용이 소요된다는 점이다. 책을 공짜로 보내는 것은 물론 독자들 집으로 보낼 택배비도 지불해야 하기 때문이다.

오로지 서평 이벤트에 참여하는 일부 독자들만 횡재하는 셈이다. 공짜로 읽고 싶은 책도 얻고, 독서 리뷰를 쓸 기회도 얻기 때문이다. Daum, Naver, Nate 등 각종 포털의 카페나 클럽에 가입하거나(포털 사이트에서 대표적인 카페로는 Daum의 독서클럽, 네이버의 책을 좋아하는 사람(책좋사)이 있다.) 서평 이벤트를 참여하는 방법은 다음과 같다.

포털이나 온라인 서점에 블로그를 만들고, 독서 관련 카페나 클럽에 가입한다. 그러면 일주일에 10~15권 정도 서평 이벤트를 한다는 소식을 들을 수 있을 것이다. 당신은 그 책들 중에서 정말 읽고 싶은 책을 골라 신청하면 된다(물론 신청했다고 해서 다 뽑아주는 것은 아니다.).

유명한 작가의 신간이나 기대작, 특히 읽기 쉬운 문학 작품들은 꽤 많은 지원자가 몰린다. 또한 출판사도 꽤 많은 비용을 써서 책을 보내는 만큼 독서 리뷰를 꼭 써 줄 것 같은 리뷰어, 그리고 글을 잘 써줄 것 같은 리뷰어를 찾는다. 그래서 서평이벤트에 뽑히기가 좀처럼 쉽지 않다. 하지만 바꾸어 말하면 서평 이벤트에 뽑혀서 책을 읽게 된다는 것은 당신이 책 블로거(독서 리뷰어)로 검증되었다는 말도 된다. 나중에 경험하게 되겠지만 자신이 지원한 서평 이벤트에 뽑히게 되면 복권에 맞은 듯 꽤 즐겁다. 많은 경쟁자들을 물리칠 만큼 글쓰기 실력을 갖췄다는 방증이기 때문이다. 게다가 퇴근 후 집에 돌아왔을 때 택배로 책을 만나는 기분도 즐거울 것이다. 독서 리뷰를 쓰는 즐거움까지 얻게 된다.

그리고 강호에 오래 있게 되면 내공 높은 독서가들의 글도 만나고 운이 좋으면 직접 만날 수 있는 기회도 생긴다. 여러분이 몰라서 그렇지 온라인이라는 강호에는(가수 호란의 「다카포」에서 읽은 말인데, 옳거니! 했다. 온라인 책세상은 정말 강호라는 말이 어울린다.) 내공이 높은 독서 고수들이 엄청나게 많다. 그들의 글을 보면서 배우는 즐거움도 크다. 그리고 책을 읽고 독서 리뷰를 쓰는 일이 고독한 일이라 자칫 '내가 지금 뭐하고 있는 건가?' 하고 회의가 들기도 하는데, 이때 수많은 독서가들을 보면서 '아, 나 혼자가 아니구나.' 하는 반가움도 느끼게 될 것이다. 그렇게 따져 보면 서평 이벤트에 참여하는 즐거움이 도대체 얼마나 큰 것일까?

서평 이벤트는 책을 무료로 받는 대신 독서 리뷰를 꼭 쓰겠다는 하나의 약속이다. 그래서 책을 읽었으면 독서 리뷰를 꼭 써야 한다. 나는 이런 약속이 오히려 장점이 된다고 생각한다. 2~3주 안에 책을 읽고 독서 리뷰를 써야 한다고 대외적으로 약속한 것이기 때문이다. 그리고 다음에도 책을 받고 싶다면 그 약속은 꼭 지켜야만 한다. 왜냐하면 온라인 카페들은 수십 명의 운영진이 시스템을 수시로 정비하고 관리하기 때문에 책을 무료로 받고 나서 독서 리뷰를 쓰지 않으면 다음에 아무리 지원해도 받을 수가 없다(책을 받고 리뷰를 쓰지 않으면 암묵적인 '신용불량자'가 되는 셈이다.).

마지막으로 '강호에서 살아남는 법'을 말해 볼까 한다. 우선 서평 이벤트에 참여해서 선정이 되려면 카페 관계자와 출판사가 당신의 블로그에서 글을 살펴볼 수 있을 만큼 어느 정도의 컨텐츠를 만들어야 한다. 그러므로 지금껏 읽은 책을 리뷰하거나, 당분간 도서관에서 책을 빌려 꾸준히 독서 리뷰를 업데이트하시라. 그리고 블로그에 올린 글을 카페에도 올리기를 바란다. 글을 많이 올릴수록 당첨 확률이 높다.

블로그는 상어와 같다. 상어는 잠시라도 움직이지 않으면 바로 수면 위로 올라와 죽어버린다. 블로그가 그렇다. 블로그에 매일 꾸준히 포스팅해서 업데이트를 할 수 있도록 노력하라. 그래야 카페 운영자나 출판 관계자들이 '이 사람은 글을 꾸준히 올리는 사람이구나.' 하고 뽑아줄 것이다. 이들은 글을 잘 쓰는 사람보다는 꾸준히 포스팅하는 사람을 더 좋아한다는 것을 잊지 말자.

그리고 카페에 가입하면 블로그를 멋들어지게 꾸며놓은 독서가들을 많이 만날 수 있다. 그들의 블로그에 가서 독서 리뷰도 배우고 블로그를 운영하는 방법을 벤치마킹하면 좋다. 그들과 친해지려면 마음에 드는 글에 댓글을 달면 된다. 형식적인 인사보다는 '오, 이 사람이 내 글을 자세히 읽었구나.' 하고 느낄 수 있도록 진심을 담아 쓰면 비록 짧은 글이라도 친근하게 느껴질 것이다. 이런 관계가 꾸준히 이어지다 보면 친구가 된다.

한편 블로그의 역사성을 무시하지 말자. 꾸준히 운영하면 그것도 훌륭한 스펙이 된다. 외국에는 한 달에 수십만 달러를 버는 전업 블로거도 있고, 국내에서도 블로그를 운영하면서 광고 수입을 얻는 블로거가 많다고 한다. 아울러 블로그 덕분에 취직한 사람이 많다는 것을 명심하자.

지난 해 일부 파워블로거들이 물의를 일으킨 적도 있지만 대다수의 블로거들은 웹 2.0에 걸맞게 자기 경험을 세상과 공유하고 있다.

멋진 블로그 몇 개 소개하면서 마무리할까 한다. 참고로 이 블로그들은 내가 강의를 할 때도 소개하는, 개인적으로 무척 좋아하고 아끼는 블로그들이다(그들은 내가 이런 줄 전혀 모른다. 블로그 검색창에서 아이디로 검색하면 찾을 수 있다.).

한양대학교 유영만 교수의 블로그(아이디 : knowledge ecologist)는 온라인 지식창고다. 그가 매년 여러 권의 책을 낼 만큼 왕성한 집필을 할 수 있는 것은 온전히 블로그 덕분일 것이다. 그의 블로그 성격은 전형적인 콘텐츠 저장형인데, 무엇이든 담아두기에 편리하다는 블로그의 장점을 이용해 그는 다양한 매체를 통해 매일 보고 듣고 느낀 정보와 지식들을 블로그에 담아 자신의 앎과 배움 그리고 느낌을 일반에게 알리고 공유하고 있다.

출판평론가 한기호 선생의 블로그(아이디 : khhan21)를 살펴보면 독서 리뷰의 정석을 만날 수 있다. 거의 매일처럼 쓰는 솔직담백한 일기가 담긴 '열정시대 2.0!'은 많은 네티즌들이 좋아하는 카테고리다.

대한민국 최고의 영화 번역가 이미도의 블로그(아이디 : midomiho)만큼 유익하고 재밌는 블로그가 또 없다. 영화와 영어, 그리고 책이 비빔밥처럼 섞여서 멋들어진 영화 리뷰로 탄생한다. 재밌는 것은 컨텐츠들이 매주 문화일보에 실리는 영화칼럼 글이라, 글의 길이가 A4로 딱 한 장이라는 점이다. 글에 군더더기가 있을 리 없다.

시골의사 박경철의 블로그(아이디: donodonsu)는 블로그에서 손을 놓은 지 벌써 2년이 넘었지만 요즘도 매일 1,000명 정도가 성지순례를 하듯 꾸준히 찾는다. 3~4년 전만 하더라도 지극히 개인적인 공간이었는데 방송을 하면서 이런 저런 카테고리들이 많이 늘어 복잡해졌다. 그의 블로그에서 가장 추천할 만한 것은 독서(讀書)라는 카테고리. 웬만한 평론가도 울고 갈 만한 독서 리뷰 실력을 지녔다. 마음껏 부러워할 수 있는 글들이다.

그림 그리는 여행가 오기사의 블로그(아이디: nifilwag)도 훌륭한 블로그다. 그는 자신의 일(건축)과 블로그를 잘 결합시킨 케이스라 할 수 있다. 덕분에 블로그도 유명해졌고, 자신의 일(건축설계)도 잘 되는 케이스에 속한다. 벌써 책도 5~6권을 냈을 만큼 실력 있는 파워블로거다. 그의 그림은 워낙 유명해서 일단 한 번 보면 '아하, 이 그림!' 하고 알아볼 것이다.

개인적으로 친하고 매우 좋아하는 아우, 까칠한 비토의 블로그(아이디: vitojung)도 추천할 만하다. 장르소설을 즐기는 이 친구는 거의 매일 한 권의 책을 읽고, 하나의 리뷰를 쓰는 열혈 블로거다. 이미 리뷰만 1,000개가 넘었고, 매월 20여 편의 소설을 읽고, 글을 쓴다. 닉네임이 '까칠한 비토씨'인데, 리뷰가 워낙 까칠하고, 별점도 까칠하다고 해서 스스로 지은 이름이다. 그의 까칠한 리뷰 때문에 초반에 저자와 출판사로부터 항의도 많이 받고 싸우기도 했다는 후문이다. 그의 치밀한 리뷰들을 읽다 보면 자연스레 반하게 된다.

마지막으로 추천하고 싶은 블로그는 에고이즘님의 블로그(아이디: ddinne)인데, 여성들에게 추천하고 싶은 블로그다. 어느 출판사의 편집자이기도 한 그녀는 지난 해『달빛책방』(나무수)이라는 책(블룩blook이다)도 냈다. 그녀의 블로그에 들르면 여성의 섬세함이 곳곳에 배어 있음을 느낀다. 초서와 느낌, 그리고 독서 리뷰가 적절하게 어우러져 있다. 읽다가 보면 그녀의 '나, 이 책 정말 좋아요.'가 들릴 것만 같다.

독서가 바꾼 아이들

남영우(ywn1256@naver.com)

물고기를 주어라. 한 끼를 먹을 것이다.
물고기 잡는 법을 가르쳐 주어라. 평생 먹을 것이다.
: 탈무드 :

나는 책 읽기를 좋아하는 학부모이자 평범한 직장인이다. 나는 평소 아이들에게 공부를 가르치는 것보다, 공부하는 방법과 공부해야 하는 이유를 알려줄 필요성을 절실하게 느끼고 있었다. 그래야 스스로 공부를 할 수 있다는 확신을 경험적으로 깨달았다. 문제는 나의 이런 깨달음을 내 아이에게 어떻게 전할까였다.

그러던 어느 날 지인의 추천으로 『초등 고전 읽기 혁명』(송재환, 글담출판사)을 읽었다. 책 전반부에서부터 눈에 확 들어왔다. 저자는 독서의 효과는 생각하는 힘, 즉 창의력을 길러주는 것이고, 창의력을 높이려면 질문을 해야 한다고 했다. 이 대목을 읽으면서 눈앞에 드리워진 안개가 걷히는 느낌이 들었다.

과학기술의 발달로 사람들이 묻고 답할 수 있는 매체는 다양한데, 정작 소통은 점점 단절되고 있는 것이 현실이다. 부모와 자식 사이에도 대화의 길이 막혀가고 있음은 물론이다. 원인은 '말할 거리'에 있다. 서로 공감대를 나눌 소재가 없다. 나는 그 대안을 책에서 찾기로 했다. 초등 2학년(현재는 3학년)인 나의 딸과 소통하고 싶었다. 판교에 있는 B초등 2학년인 딸, 또래의 친구 4명과 함께 독서토론으로 공부하는 방법도 배우고 사람들과 소통하는 법을 스스로 터득하기로 결심했다.

독서토론을 하기 전에 나는 스스로 세 가지 원칙을 세웠다.

첫째, 무료로 진행한다. 수강료를 받으면 돈에 걸맞은 성과를 내야

• 내가 지금까지 밝힌 독서법은 비단 어른들에게만 해당하는 것은 아니다. 아이들에게 적용하면 그 효과는 훨씬 더 큰데, 대표적인 사례를 소개할까 한다. 나는 2년째 한겨레교육문화센터(분당)에서 '글쓰기 입문'을 가르치고 있다. 대학생에서 은퇴를 한 초로의 노인까지, 첨단의 IT기업에 근무하는 엘리트에서 전업주부까지 다양한 세대, 다양한 직업군의 학생 10여 명과 함께 6주 동안 '내 안에 숨어 있는 작가 근성'을 끄집어내고 있는데, 지금껏 200여 명이 넘는 학생들에게 독서와 글쓰기의 이로움을 알려줬다. 지난 해 여름 '글쓰기 입문' 수업을 들었던 영어학원 원장을 하시는 분이 내 수업을 듣고 깨달은 바를 초등학교 2학년의 딸에게 적용했다고 한다. 이 글은 그 분이 보내오신 칼럼이다.

할 의무가 따른다. 그러면 나는 학부모들로부터 자유롭지 못하고, 또한 서두르게 되어 온전한 결과를 얻지 못할 것 같았다. 무엇보다도 그렇게 되면 아이들이 자칫 책 읽는 즐거움을 잃고 중간에 포기하게 될까 두려웠기 때문이다.

둘째, 절대로 잘못은 지적하지 않고, 칭찬은 즉시, 그리고 구체적으로 한다. 친구들 사이에 장점만 보고 배우게 하고 싶었다.

셋째, 아이들이 발표한 사소한 말이라도 공감을 해준다. 아이들이 막힘없이 소통할 수 있어야 자신이 느낀 바를 마음껏 표현할 수 있기 때문이다.

독서토론의 방법이 구체화되자 나는 먼저 아이들 어머니들을 학원으로 초대했다. 그리고 평소 독서와 학습을 통해 터득한 독서토론 진행 방법과 다양한 채널을 구체적으로 설명하고 개인적으로 엄선한 백 권의 책 리스트를 보여 주었다. 책 리스트를 보자 어머니들은 "이 어려운 책을 우리 아이가 어떻게 읽죠?" 하며 깜짝 놀랐다. 어머니들 마음의 벽을 먼저 허물어야 했다. 나는 어머니들에게 조선시대 양반들의 공부를 생각해 보자고 말하고 평소의 지론을 들려드렸다.

"서당의 어린 학동과 나라를 경영하는 원로 대신들이 『대학』, 『소학』, 『논어』를 함께 읽으며 학문했지요. 엄마들이 어렵다고 느끼는 건 당신의 어린 시절로 이 책을 보기 때문입니다. 요즘 아이들은 엄마들 생각하시는 것 이상으로 똑똑하답니다. 독서토론을 통해 제가 그것을 증명해 보이겠습니다."

어머니들은 어차피 초등학교 고학년 때 논술을 배우면 읽는다더라, 아이들이 제대로 배울 수만 있다면 어려울수록 좋은 것 아니겠느냐며 더 이상의 우려는 없었다. 이제 독서토론을 하는 일만 남았다.

첫 독서 토론(2011.10.25)을 위해 선정한 책은 『꽃들에게 희망을』(시공주니어)이었고, 독서토론에 참가한 학생은 B초등학교 2학년 어린이 다섯 명이었다. 목표는 매주 한 권씩, 약 2년 동안 100권을 읽고, 독서록을 쓰고, 독서토론을 하는 것이 목표였다. 시작 후 6개월이 지난 2012년 4월 22일 현재 『키다리 아저씨』(인디고)까지 약 20권을 마쳤다. 아이들의 생각이 매주 한 뼘씩 자라나는 것처럼 느껴지는 시간이었다. 가르치면 더 배운다고 했던가. 나 역시 매주 아이들의 기적 같은 변화에 그 무엇보다도 많이 배우고 느끼는 시간이 되고 있다.

처음 시작할 때만 해도 학생들마다 독서력, 즉 책을 읽고, 쓰고, 발표하는 수준에 현격한 차이가 있었다. 하지만 몇 개월 지나지 않아서 모두 비슷한 수준의 '책 잘 읽는 어린이'가 되었다. 오히려 그 동안 독서를 하지 않던 한 어린이는 놀랄 만한 변화를 보여줬는데 바로 K양의 경우가 그랬다.

K양은 그 동안 책을 잘 읽지 않았던 탓에 처음 시작할 때 책 읽기는

물론, 읽은 내용도 잘 이해하지 못하는 듯했다. 시작한 후 몇 주가 지날 무렵 나는 아이가 무척 고전하고 있어 혹 독서에 대한 의욕마저 잃을까 걱정스럽기도 했다. 하지만 6개월이 지난 지금, K양의 독서력은 '180도 바뀌었다.'고 해도 과언이 아닐 만큼 놀랍게 변화했다. 지금 K양은 너무도 또박또박 책을 잘 읽고, 글쓰기도 느끼는 그대로 잘 표현하고 있다. 발표는 더욱 눈에 띄게 잘한다. K양의 처음을 익히 아는 나로서는 요즘 K양이 발표하는 것을 지켜보는 것이 정말이지 '감동적인 영화'를 보는 것만 같다.

나중에 알고 보니 K양은 부모가 학업에 거의 간섭하지 않고 마치 방목하듯 아이가 하고 싶은 대로 마음껏 하게 내버려두되 위험이 없는지만 지켜보는 쪽이라고 한다. 나는 그 말을 듣고 깜짝 놀랐다. 어떻게 아이에게 내맡길 수 있는가? 되물으려 했지만, 이내 곧 수긍했다. '그러한 K양이었기에 마치 아무것도 그려지지 않은 스케치북과 같아서 오히려 독서토론을 통해 배우고 느끼는 것 모두를 마치 스펀지가 물기를 빨아들이듯 받아들일 수 있는 것이 아닐까.' 요즘 K양은 정말 놀라운 흡수력으로 독서를 즐기고 있다. 학교성적도 좋아졌다. 대단한 반전이 아닐 수 없다.

K양의 사례는 이제껏 독서를 하지 않은 다른 어린이들도 큰 변화를 보일 수 있다는 좋은 모델이 된다고 나는 생각한다. 혹시 아이의

교육에 있어 부모의 사려 깊지 못한 판단과 지나친 간섭이 오히려 무궁무진한 능력을 가진 아이의 해맑은 영혼에 장애를 주고 있는 것은 아닌지 돌이켜 보았으면 좋겠다. 아이들이 얼마나 많이 변할 수 있는지 생각 같아서는 나는 처음부터 지금까지 기록된 K학생의 독서노트를 공부만 주장하는 학부모들에게 보여주고 싶을 정도이다. 무슨 공부든 남에게 맡길 것이 아니라 공부에 앞서 내 아이에 대해서 다시 한 번 깊이 생각해봐야 한다고 강조하고 싶다.

다시 독서토론으로 돌아와서, 내가 다섯 어린이들과 함께 매주 독서토론을 진행하는 방식을 설명하고자 한다. 내가 지정한 책을 일주일 동안 집에서 읽고, 독서록 양식에 맞춰 중심단어와 독후감을 쓴다. 아이들이 독서록을 꾸미는 동안 나는 독서토론 때 개진할 자유논제를 두세 개 준비한다.

독서토론을 하는 당일, 나는 우선 어린이들과 토론에 앞서, 먼저 지난 주 행복했던 기억의 이야기로 시작한다. 즐거운 마음과 긍정적 사고를 갖도록 하고 싶어서다. 본격적으로 독서토론에 들어가면 먼저 한 주 동안 읽은 도서에 대해 각자 자신이 써온 중심단어와 독서록을 발표한다. 독서의 느낌에 대해 서로 질문하고 대답한다. 이어서 나는 아이들에게 자유논제를 던져주고 자유롭게 자신의 의견을 내놓는 어린이들의 목소리에 귀를 기울인다. 이때 좋은 표현이나 의

견은 즉시 칭찬해 준다. 그 이유는 어린이들 스스로가 좋은 의견이 무엇인지를 터득하고, 나아가 좋은 의견을 서로 닮아가도록 유도하기 위해서다.

어린이들이 쓴 독서록에 대해서도 절대로 첨삭은 하지 않았다. 약간의 시간이 걸릴 뿐 거듭 읽고 쓰다 보면 자연스럽게 고쳐질 것이기 때문이다. 아울러 나는 독서토론 역시 그렇게 되리라 믿고 지켜보며 응원하는 쪽으로 가닥을 잡았다. 강제로 이끌지도 않고, 스스로 느끼고, 따라올 때까지 기다리면서 독서토론을 이끌고 있다. 그러면 자연스럽게 아이들의 자존감이 높아진다는 것을 나는 체험으로 알게 되었다. 어느 날은 토론이 끝난 작품을 영화로 보기도 했다. 자신들이 상상하며 읽은 책을 영상으로도 만날 수 있다는 것은 또 하나의 즐거움이기 때문이다.

독서토론을 시작한 지 4개월 이후부터는 학생들이 직접 독서리더가 되어 돌아가면서 토론을 이끌고 있다. 나는 독서토론을 지켜보면서 토론 진행 방향만 일러주고 있다. 물론 진행이 서툴고, 난장판이 될 때도 있다. 그래도 나는 묵묵히 그들의 토론을 지켜보며 기다린다. 아이들도 자신들의 토론진행 방법이 잘못되었다는 사실을 이미 느끼고 있다. 하지만 잘못된 경험도 경험이다. 다만 그 잘못을 알아차리기만 하면 다음부터는 점차 개선된다. 적당한 시간이 지나면 원

남예림
No. 2012. 4. 3

1.도서명: 토끼전

2.지은이: 장주식

3.출판사: 한겨레아이들

4.출간일: 2010년 1월 18일

5.독서기간: 2012년 3월 21일~2012년 4월 3일

6.중심 단어
, 용왕병, 신하
, 자라
, 문어, 간
, 토끼, 꾀,

7.독서록
이 이야기는 남해용왕이 아파서 신하를 불러들여 어떻게 해야지 아프게 낳는지 물어봤더니, 토끼의 간이 필요하다고 한다. 용왕이 땅위를 올라가 간을 구하라고 하니, 여기저기에서 신하들이 자신이 가겠다고 한다. 그런데, 이부분은 국어책에서 나오는 '재미네골'과 비슷하다. 거기에서는 서로를 아끼는 마음이지만, 여기는, 용왕에게

Seoul National University

남예림
No. 2012. 4. 3

잘 보이고 싶어서 그런것이다. 서로를 아끼는 마음으로 되어 있다면 더 좋았을텐데...
토끼는 자라의 꾀로 용궁으로 왔지만, 자신의 꾀로 살 수 있다.
이 이야기가 끝나고, 나는 이 이야기가 비극인지, 해피 엔딩 인지 알 수가 없었다.
왜냐하면, 용왕에게 비극, 토끼에게 해피엔딩이니까!

래의 자리로 돌아온다. 그때 나는 조용히 주위를 정리해 주고 있다. 독서토론이 한창 무르익으면 찬반 논제를 주고 두 팀으로 나누어 토론을 시작한다. 아이들은 요즘 이 시간을 치열하게 즐기고 있다. 물론 아이들이 쏟아내는 논리는 단순하고, 끄집어낸 생각도 아직은 수준이 낮은 편이다. 하지만 나는 첫술에 배부르지 않다는 것을 알기에

기다린다. 아이들의 독서에서 빠른 결과를 바란다면 아예 시키지 않은 것만 못하다는 걸 나는 잘 알고 있다. 그래서 아주 조금씩만 다듬고 있다. 간혹, 논제에서 확연히 벗어나게 되면 발표자의 마음을 다치지 않게 하는 범위 내에서 조심스럽게 주제를 환기시켰다.

6개월이 흐른 지금 나와 학생들은 참 많이 변했다. 토론의 질서도 잡혔고, 나름대로 자신의 의견을 논리적으로 말할 줄도 알게 되었다. 물론 다른 친구의 의견을 차분하게 경청할 줄도 알게 되었다. 제법 독서토론의 모양새가 갖춰졌다는 기분이 들 정도다. 어린이들이 매주 쓰는 독서록도 많은 변화가 생겼다. 글속에 자신의 생각과 느낌이 들어 있고, 또 다른 책에서 읽었던 내용과 느낌도 연관 지어 끄집어 올 줄도 알게 된 듯하다. 스스로 깨치는 아이들이 참으로 대견하다.

얼마 전 특별한 일이 있었다. 아이들이 다니는 B초등학교의 중간고사에 학생이 읽은 책을 들고 가서 소감을 쓰고, 논제에 의견을 제시하는 시험이 있었다. 시대의 요구를 간파한 훌륭한 선생님들이 계신 학교라는 생각이 들었다. 아이들보다 어머니들이 더 좋아하는 듯했다.

요즘은 학생과 나 모두 매주 토론의 날을 기다린다. 우리는 독서토론을 통해 놀이하듯 즐기면서 인생공부, 학교공부, 소통의 공부를 하고 있다. 아이들이 즐겁게 공부하는 모습을 보니 나는 참으로 행복하다. 나 역시 아이들과 독서토론을 하면서 정말 많은 것을 배우고, 또 얻고 있다. 학생들에게 큰 기대는 하지 않는다. 그러나 발전해 가는 모습이 확연하게 보인다. 아울러 나는 여전히 학생들에게 큰 기대를 하지 않을 생각이다. 매주 확연하게 발전해 가는 모습을 지켜보는 것, 어제와는 다른 오늘의 학생들을 보는 것으로 만족할 생각이다. 100살 인생, 평생 공부할 학생들이기 때문이다.

어느 날 누구에게 이야기를 들었는지 모르지만 어느 초등학교 선생님이 나를 찾아왔다. 나는 장황한 말 대신 아이들이 그 동안 써놓은 독서록을 보여주었다. 선생님은 독서록을 보면서 계속 감탄사를 쏟아냈다. 그러면서 교육자로서 많은 반성이 된다고 했다. 참으로 아이러니하다. 이십여 년 동안 교육계에 몸담고 있는 교육 전문가를 앞에 두고, 비교육자인 내가 떠들고 있다니, 과연 그럴 만한 일인가 하는 생각에 부끄럽기도 했다.

독서토론 이후 나와 우리 가족은 썩 괜찮은 습관이 하나 생겼다. 특별한 행사가 없는 토요일이나 일요일은 가족 모두 도서관이나 서점에 간다. 저마다 읽고 싶은 책 고르고, 읽느라 시간 가는 줄 모른다. 이렇듯 독서라는 즐거움을 공유하다 보니 가족끼리 할 말도 많아진 것 같다. 말 그대로 가족 한 명 한 명의 느낌을 나 또한 느끼는 것 같아서 '이런 게 가족이 아닌가'라는 느낌이 새삼스러운 요즘이다. 나는 아이들이 살아가는 삶의 방식 역시 마지못해 억지로 하는 공부가 아니라, 마치 즐겁게 책을 읽는 것처럼 자연스러운 공부를 하였으면 좋겠다. 아울러 다른 학부모들도 독서는 공부가 될 뿐 아니라, 가족 간의 대화 통로도 된다는 사실을 체득했으면 좋겠다. 책을 즐겨 읽는 삶이 즐겁고 행복하다는 이유를 이제야 알 것 같다. 아울러 성공은 습관의 산물이라고 했다. 책을 읽고, 쓰고, 토론하는 것이 습관이 된다면 아이들이 무엇이 되든 성공하는 데 큰 도움이 되리라 나는 믿는다. 아이들과 행복하고 싶은가? 그 방법은 멀리 있지 않다. 당장 TV 끄고, 자녀와 함께 책을 읽고, 생각을 나누자. 당신과 가족의 행복이 바로 거기에 있다.

에필로그

"세상에 그대가 있음을 알리세요."

소설가 김탁환은 서평집 『뒤적뒤적 끼적끼적』(민음사)에서 이렇게 말했다.

"책을 읽기 전의 나는 읽은 후의 나와 완전히 다른 사람이다. 책을 통해 얻은 깨달음과 책이 던진 화두를 풀기 위해 새로운 인생을 시작하는 것이다. (중략) 영혼이 타오르는 대로 나아가서 깨닫고 또 다시 나아갈 따름이다."

나는 이제껏 후천적 활자 중독에 빠지기 위한 3가지 방법, 즉 읽기, 배우기, 쓰기에 대해서 말했다. 이제 당신에게 마지막으로 이런 질문을 던져본다. '읽고, 배우고, 쓰고' 그건 무슨 의미가 있지? 만일 당신이 책을 읽고, 책에서 배우고, 내 생각을 통해 정리했다면 이제 당신은 한 가지 변화를 겪게 된다. 행동의 변화이다. 이것이 바로 우리가 독서를 하는 최종 목표요, 책이 주는 최고의 기쁨일 것이다. 소설가 김탁환의 말대로 책을 읽은 당신은 책을 읽기 전인 어제와는 다른 사람이 되었다. 이제는 여러분이 그것을 보여줄 차례다. 앞으로 만나게 될 사람들을 살펴보면 자연스럽게 알게 될 것이다.

내가 좋아하는 책 중에 『몸으로 책 읽기』(북바이북)란 책이 있다. 연기자이자 작가인 명로진이 썼는데, 재미있는 형식의 서평집이다. 독서의 최종 완성을 생각할 때 이 책 제목이 떠올랐다. 몸으로 책 읽기. 내가 앞으로 하고 싶은 말을 그가 벌써 책제목으로 써버렸다.

> "책을 읽고 인생이 바뀌었다고 말하는 사람들이 많다. 그들은 아마도 책을 읽고 뭔가를 실천했으리라. 그게 뭔지 알고 싶었다. 간지럽게 속삭이는 대신 행동하라고 부추기는 책도 많다. 나는 일어나 문밖으로 나가보고 싶었다. 또 사랑이나 마약만큼 도취되는 문장들도 많다. 그 속에 파묻혀보고 싶었다.
>
> 글을 쓰는 동안 나는 책을 읽고 몸으로 실천하려 애썼다. 조선 왕조

에 대한 책을 읽고 왕릉을 찾았고, 술에 관한 책을 읽고 술을 마셨다. 산에 관한 책을 읽고 헉헉거리며 산에 올랐으며, 오디오 책을 읽고 오디오 마니아를 만났다. 책을 쓰기 위해 자신의 몸을 던지는 작가들을 보면서, '위대한 작가라면, 쓰다가 죽을 수도 있겠다' 싶었다. 명작들은 한결같이 쓰는 이들의 피와 땀 냄새가 묻어나서 종이에는 오랜 상흔이 보였다. 사랑에 관한 책을 읽고 사랑을 한다면 행복하지 않을까? 이별에 관한 책을 읽고 이별을 잊을 수 있다면 괜찮지 않을까? 지혜에 관한 책을 읽고 우리가 좀 더 지혜로워진다면, 남는 장사가 아닐까? 이런 심정으로 책을 펼쳤다. 설렁설렁 놀멘놀멘 흥얼거리며 읽고 또 뒹굴며 몸으로 베꼈다."

글에 녹아 있는 위트만큼이나 기발한 발상, 재미난 시도의 책이 아닐 수 없다. 그리고 이 책을 읽으면서 만나는 명로진의 도발적인 생각과 행동에서 『미친 척하고 성경말씀대로 살아본 1년』(세종서적)을 쓴 A. J. 제이콥스도 생각났다(이 책도 개그 콘서트 못지않게 재미있다. 성경을 읽고 그 말씀대로 일상에서 실천해보겠다는 그의 다짐은 독서 효과와 무관하게 무한한 즐거움을 준다.).

내가 마지막으로 하고 싶은 얘기는 독서는 반드시 우리에게 어떤 변화를 준다는 사실이다. 생각의 변화에 그치는 것이 아니라 우리의 삶 자체에 변화가 생긴다는 말이다.

지난 2009년 꽤 추웠던 2월 어느 날 낯선 전화가 걸려왔다.

"여기 교보문고 사람과 책인데요, 구본형 작가님을 모시고 '저자와의 만남'을 진행하는데 초대합니다."

그 전화는 내가 10여 년 동안 모셔온 마음 속 스승을 만나게 해준 전화였다. 교보문고 강남점에서 했던 구본형 선생과의 일대일 인터뷰는 한 시간이 넘게 진행되었다. 인터뷰를 마친 후 선생과 함께 저녁도 먹고 그날 저녁 교보문고 강남점에서 신간에 대한 저자 강연회까지 참석한 후 귀가를 했다. 정말 꿈만 같던 시간, 늘

「사람과 책」(교보문고, 2009)

그리고 그리던 그런 하루였다.

그 흥분을 누르지 못해 그 날의 소감을 메일에 담아 선생께 보냈다. 그러자 다음 날 돌아온 반가운 답장에는 "그대를 만나게 되어 기쁩니다. 세상에 당신이 있음을 알리세요. 즐거운 저녁이었습니다."라고 적혀 있었다.

블로그에서 경제경영서에 대한 리뷰를 오랫동안 써온 사실을 알게 된 선생께서 격려를 하신 내용이었는데, 짧은 답 메일 속에 있던 한 문장, '세상에 당신이 있음을 알리세요.'는 어떤 계시처럼 느껴졌다. 그리고 몇 달 후인 초여름, 교보문고로부터 출판제의가 왔고, 나는 성큼 '책을 내겠다.'고 결정했다. 구본형 선생의 답 메일이 없었다면 필경 나는 "어떻게 저 같은 사람이 언감생심 책을 내겠습니까?" 하며 거절했을 것이다.

독서는, 그리고 글쓰기는 내게 새로운 인생을 선물해 줬다. 처음에는 읽은 책 내용을 기억하고 싶어서 요약을 했고, 오랜 시간이 흐르자 요약된 글 아래에 그에 대한 나의 생각을 적었다. 이렇게 정리하는 글로 시작된 나의 글쓰기는 언젠가부터 지금의 나를 살피고, 내일을 위한 나를 돌보는 글쓰기로 변하기 시작했다. 이러한 글쓰기는 깊고 깊은 내면의 또 다른 나를 불러, 나와 대면하게 해주었고 그동안 살아온 내 인생에 대해 스스로 용서하고 위로

하게 주었다. 지금도 책 읽기와 글쓰기는 '나'라는 나무를 키우는 땅이 되고 물이 되고 있다.

구본형 선생의 『깊은 인생』(휴머니스트)은 간디, 조셉 캠벨, 마사 그레이엄, 윈스턴 처칠 등 일곱 위인들의 인생을 살펴보면서 '평범했던 그들은 어떻게 신화가 되었는가, 어떤 우연이 그들로 하여금 신화가 되는 필연에 서게 했는가'를 살펴본 책이다. 여기서 구본형 선생은 독자들에게 '지극히 평범한 당신도 비범한 분야 하나는 꼭 있다.'고 말한다. 선생의 책을 읽다보면 글맛에 취해 '나도 글을 쓰고 싶다.'는 충동을 종종 느끼게 한다. 『깊은 인생』은 여느 책과는 또 다른 깊은 맛이 있는데, 평범했던 그들이 비범한 인물로 변화하는 그 순간의 이야기들은 모두 한 편의 신화 같고, 한 편의 시와도 같았다. 그리고 간결하고 짧은 문장들은 마음에 오랫동안 담아둘 경구처럼 느껴졌다.

내가 이 책에서 가장 관심 깊게 읽은 부분은 저자인 구본형이 책 속의 인물들과 같은 경험을 했던 '우연이 필연이 되는 순간'이었다. 즉 남부럽지 않은 회사 IBM에서 평범한 회사원으로 근무하던 구본형 선생은 어느 날, 글 쓰는 일로 평범한 사람들을 찾아가 자신의 이야기를 창조하게 해서 빛날 수 있도록 도와주는 일을 하는 게 자신의 천직임을 알게 된다. 이 책을 읽으면서 20년 독자로만 있었던 내가 책을 내고 '작가'라는 말을 들을 수 있었던 계기가 구본형 선생의 한마디가 적힌 메일을 받던 그 순간이었다는 생각이 든다.

그래서 직장을 찾지 못해 고민하는 젊은이들, 특히 내가 평생 동안 사명감을 갖고 해야 할 일, 즉 천직(天職)이 무엇인지 고민하는 젊은이들을 대할 때면, 나는 내가 작가가 된 이야기와 함께 구본형 선생의 『깊은 인생』을 권한다. 생각해 보면 한 번뿐인 소중한 내 인생의 대부분을 '내 일'을 하며 보낼 것이기에 그보다 중요한 일은 없는 것 같다. 일독을 권한다. 내가 내 천직을 찾은 것처럼 여러분도 찾을 수 있을 것이다.

2012년 7월

김은섭

책 앞에서 머뭇거리는 당신에게

초판 1쇄 발행 2012년 7월 31일

지은이 김은섭
펴낸이 김재현
펴낸곳 (주)지식공간

출판등록 2009년 10월 14일 제300-2009-126호
주소 서울 마포구 합정동 373-4 성지빌딩 706호
전화 02-734-0981
팩스 0303-0955-0981
메일 editor@jsgonggan.co.kr
블로그 http://blog.naver.com/nagori2
편집 권병두
디자인 엔드디자인 02-338-3055

ISBN 978-89-97142-09-5 03020